GAGATORIUM

Christie Ravenne

Gagatorium

Quatre ans dans un mouroir doré

Fayard

Couverture : un chat au plafond ; cage © My Top Shelf/Fotolia.com ;
personne âgée © Elisabeth Lhomelet/Getty-images.com

ISBN : 978-2-213-67229-8

Prologue

Enfermée pendant quatre ans dans un « gagatorium » doré, j'ai constaté autour de moi et vécu personnellement la maltraitance imposée quotidiennement aux vieux. Maltraitance physique, morale, financière, avec acharnement, allant parfois jusqu'à une mort sordide.

C'est alors que je me suis fait une promesse : si j'en sors vivante, je témoignerai pour tous ceux qui n'ont plus la parole. Car la situation a tendance à s'aggraver. Plus l'espérance de vie des seniors s'allonge, plus les dents de tous les prédateurs s'aiguisent.

Le marché du troisième âge est juteux, captif, très convoité, et peu contrôlé par une législation laxiste et libérale. Il illustre à merveille cette définition du libéralisme : « Le renard libre dans le poulailler libre. »

Sous des allures de conte drolatique et animalier, vous trouverez dans ce livre toute la vieille volaille exsangue qui se fait plumer et saigner par tous les renards, blaireaux et autres charognards libres. Sitting Bull, Peau-de-Vache et Mme Bling-Bling sont – hélas – les geôliers et tauliers bien réels du poulailler. La Dame-au-petit-chien, Gros Roger, la Vieille Dame indigne étaient mes compagnons de misère, otages comme moi de la Résidence Ker-Eden, le faux nom que j'ai choisi pour ce paradis d'Armor. De même, les extraits de lettres et autres écrits cités sont parfaitement authentiques.

Quant à moi, je me suis donné deux missions : survivre d'abord, témoigner ensuite. Dès le début de ma détention, à soixante-dix-sept ans, j'ai donc ouvert deux grands dossiers : « J'accuse » et : « Au secours ! »

J'accuse les pouvoirs publics de se gargariser de records bidon. La quantité de vie ne vaut pas la qualité de vie. Et si en France on survit vieux, on survit aussi très mal. Le taux de suicide des seniors augmente tous les ans. La « garce de vie » qu'on leur impose, ils n'en veulent plus. Alors on les met au « gagatorium » : tricot-dominos-gâteaux… et taisez-vous ! Taisez-vous, les vieux, vous n'avez pas la parole ! On ne parle pas de ces choses-là (la vieillesse et la mort).

Pour compenser la déchéance imposée, j'ai dû me répéter sans cesse : « Non, je ne suis pas de la merde. Non, je ne passerai pas au rouleau compresseur qui écrase toute trace d'identité, de personnalité. La preuve que je ne suis pas une merde : j'ai connu des "*success stories*" dans mon passé. »

Se saouler tous les jours, toutes les nuits, de ses titres de gloire, même minimes, pour compenser la déchéance du présent. La mégalomanie est le meilleur carburant pour résister au désespoir. Ne pas lésiner sur les doses.

Deuxième carburant indispensable, l'aide extérieure. Du fond de mon château de Kafka, j'ai beaucoup crié « au secours ». Mais personne ne s'arrêtait devant mon soupirail. Surtout pas ceux qui font métier de venir en aide aux seniors. Personne, sauf ma fille et mes deux « anges gardiens ». Deux femmes, militantes, professionnelles d'agences de consommateurs, juristes pointues et acharnées.

Avec elles, j'ai pu organiser ma résistance légalement et pratiquer la seule stratégie valable pour lutter contre la mafia : le harcèlement réciproque.

Il m'a fallu « infiltrer » le conseil d'administration et le conseil syndical des copropriétaires pour démonter le système mafieux, bien huilé, qui fonctionne depuis vingt ans à Ker-Eden, en toute impunité.

Enfin, dernier carburant qui m'a permis de recharger mes accus pendant ma réclusion, la présence constante sur ma table de chevet de quelques livres essentiels, écrits par de grands bonshommes, mes « maîtres à penser » en la matière. Un psychiatre connu[1], chef de service en milieu hospitalier, à qui j'ai emprunté les termes « gagatorium », « services-poubelle », « antichambre de la mort ». Sa thèse : Alzheimer est une maladie sociétale, un « lâcher prise » dû à l'angoisse de l'exclusion. Un autre, chirurgien, qui a enquêté sur les résidences du troisième âge en France et toutes leurs turpitudes.

1. Docteur Jean Maisondieu, *Le Crépuscule de la raison*, Bayard, 2011.

Un journaliste aussi, spécialiste du consumérisme, qui a dénoncé le marché lucratif de l'« or gris ».

Bêcheuse, direz-vous, avec tous ces maîtres à penser ? Non, pas vraiment, juste ayant ras le bol d'être toujours la Tatie Danielle du mouroir. Mais, rassurez-vous, une fois sortie de mon château de Kafka, à quatre-vingt-un ans, je suis redevenue tout à fait fréquentable. Bien sûr, j'y ai laissé mon modeste patrimoine et ma santé. À l'entrée, je dansais encore le madison ; à la sortie, quatre ans plus tard, semi-impotente, je me déplace difficilement, condamnée au déambulateur pour faire trois pas. Mais je dors la nuit. Enfin ! Et seule chez moi, je savoure mes ultimes libertés, mon droit de vivre mes derniers jours dans la dignité.

N'attendez pas un mois, un an de plus. Indignez-vous, battez-vous maintenant ! Protégez vos grand-mères dès aujourd'hui, et vous-mêmes demain ! La mafia de l'or gris est déjà là. Marchands de pilules et de couches-culottes, promoteurs de gagatoriums ont pris le pouvoir. L'État et les politiciens sont laxistes et indifférents. En France, un vide juridique abyssal (contrairement à ce qui se passe dans les pays voisins plus avancés socialement) permet tous les abus, en toute impunité.

Alors écoutez-les donc, ces vieux réduits au silence dans leurs mouroirs. Ils sont attachants, vous savez. Parfois drôles. Pendant quatre ans, infiltrée malgré moi, je les ai écoutés. J'ai même décodé leurs silences. J'ai dialogué avec les Alzheimer, les anorexiques, les déprimés, les schizophrènes, les alcooliques…

Quatre ans dans un gagatorium – fût-il doré –, c'est lourd de vérités cruelles.

J'espère que la lecture de ce livre vous donnera des cauchemars. Exigez des pouvoirs publics qu'une politique sociale du troisième âge soit mise à l'ordre du jour et traitée en priorité ! Sinon vous aussi bientôt vous entrerez au gagatorium, et vous y prendrez perpète.

1

Les Dames de Ker-Eden

Fin mai 2007, j'emménage à la résidence Ker-Eden. J'attends l'arrivée des déménageurs.

J'ai quitté définitivement mon Biarritz (après quinze ans d'une retraite heureuse), mes amies, mes médecins, mes activités, mon appartement avec vue sur la mer et mon Sud-Ouest natal. Depuis des mois, ma fille Bérangère me répétait :

– N'attends pas d'être gâteuse. Déménage maintenant si tu veux te refaire une vie sociale. Après, il sera trop tard... Tu en as assez de faire douze heures de train, avec trois changements, pour venir voir tes petits-enfants en Bretagne. Alors saute le pas...

J'ai sauté. J'ai accepté cet exil breton pour mes petits-enfants. Moi, la Gasconne de bonne souche depuis des générations.

En février 2007, j'ai passé huit jours en Bretagne pour visiter quelques résidences du troisième âge. Finalement, j'ai opté pour Ker-Eden. Beaucoup trop vite. Ce jour-là, j'ai fait la plus grosse erreur de toute ma vie. Et je ne m'en suis même pas doutée. Pourquoi ? Parce que j'ai cru voir en Ker-Eden la réplique du Château d'Arcadie, en face de chez moi, à Biarritz. J'y avais un couple d'amis, jeunes retraités heureux. Et j'allais y bridger, y danser, y écouter des conférences sur la gestion de patrimoine.

Le pied, pensai-je. L'autonomie, si l'on veut. Manger chez soi, acheter son appartement, si l'on veut. Et de l'aide… seulement quand on en a besoin. Tirer sur le cordon et on vous livre à domicile un plateau-repas, une femme de ménage, une infirmière… si je veux, quand je veux.

Ayant vécu quelques hospitalisations d'urgence à Biarritz (asthme, diabète, cataractes…), l'idée d'être choyée, sécurisée, me tentait vraiment.

Ker-Eden, c'est le haut de gamme avec son « jardin arboré » et son dépliant fleuri. Ici tout n'est que luxe, calme et volupté : « autonomie-convivialité-sécurité », promet le document publicitaire.

Dans la foulée j'achète non pas un mais deux appartements T3 (de 63 m^2 chacun) à 67 500 euros pièce. Le deuxième appartement, je vais le louer et le loyer paiera les charges du premier. C'est logique, non ? D'autant plus que j'ai fort bien vendu mon appartement de Biarritz, avec une grosse plus-value.

Tout va très bien, madame la marquise. Le jour où j'ai visité Ker-Eden, un jeudi après-midi, on dansait dans la grande salle du restaurant. On gambadait le madison sur la piste. Justement, j'aimais bien le madison en ce temps-là… et la moyenne d'âge des danseurs (pas plus de soixante à soixante-dix ans), jeunes seniors dynamiques comme dans les pubs du troisième âge.

– Il y a de l'ambiance, chez nous, n'est-ce pas ? dit Mme Cloarec[1], la directrice, qui me fait visiter sa résidence dorée sur tranche.

Elle est très bling-bling aussi, accorte blonde dans la cinquantaine, toujours vêtue de turquoise et fuchsia, été comme hiver.

Quant au « n'est-ce pas ? », j'apprendrai bientôt que c'est un tic : Mme la directrice ne pose jamais de questions, elle ne donne que des réponses, toutes cuites, programmées. Et le tour est joué, n'est-ce pas ?

Ce jour-là, je suis tombée dans le piège. Je vais bien m'amuser à Ker-Eden, pour sûr. Pas un instant je ne me doute que les seniors dynamiques viennent du Club de danse country du centre social du quartier. En allant danser dans les résidences du troisième âge, ils font leur BA. On leur offre un joli goûter et leur photo le lendemain dans la presse locale, avec Mme la directrice.

En 2007, ils venaient à Ker-Eden deux ou trois fois par an. Personne ne sait pourquoi ça s'est arrêté ensuite.

Donc, ce lundi matin de mai, j'attends mes déménageurs dans l'entrée de Ker-Eden. Le hall est presque vide. Juste la relève de la garde : l'équipe de nuit (un étudiant en médecine) s'en va, l'équipe de jour (l'hôtesse d'accueil qui siège au comptoir) arrive.

1. Tous les noms ont bien entendu été changés.

Je me présente. Elle est au courant de mon arrivée et me remet les clefs de mes deux appartements. Des infirmières (venues de l'extérieur) passent en coup de vent. C'est l'heure des soins et des toilettes du matin.

À travers les claustras très déco, j'aperçois quelques personnes qui prennent leur petit déjeuner. Peu nombreuses, car il y a des kitchenettes dans tous les appartements et la plupart des occupants préfèrent prendre leur *breakfast* chez eux.

J'ai tout à refaire, et surtout la salle de bains minuscule (il faudra abattre des cloisons, remplacer la vieille baignoire par une douche à jets multiples...). Je suis résignée à vivre dans un espace bordélique un certain temps, à fouiller dans des cartons entrouverts pour trouver médicaments, vêtements ou casseroles. Mon éden n'est pas encore tout à fait au point, mais cela ne saurait tarder.

Mardi matin. Temps maussade. Je regarde les pigeons mouillés qui roucoulent en face de mon balcon. Il faudra que je m'habitue au temps breton.

Je vais descendre dans le hall, repérer ma boîte aux lettres. Peut-être même engager la conversation avec l'infirmière de l'accueil ou quelque résidant. Résidant avec un *a*. J'ai vérifié dans le dictionnaire. Avec un *e* (résident), c'est réservé aux « résidents étrangers ». Logique à la française. Je m'y conformerai.

Cette fois, vers 11 heures, il y a quelques personnes dans le vaste hall d'entrée : cinq ou six zombies, les yeux dans le vide, silencieux, alignés en rang d'oignons le long du mur, assis dans des fauteuils en rotin.

La moyenne d'âge : quatre-vingt-cinq ans bien tassés, peut-être plus. Rien à voir avec les joyeux danseurs de ma première visite. Un doute m'envahit : et si ces zombies étaient les vrais habitants de Ker-Eden ?

Les jours suivants, je descends à des heures variables. Tantôt le hall est vide : c'est l'heure de la sieste ; tantôt les zombies sont là, alignés, toujours les mêmes, me semble-t-il.

À l'heure du déjeuner, midi moins cinq, c'est un défilé de cannes, de béquilles, de déambulateurs, de fauteuils roulants. Pas de doute, l'âge moyen frôle les quatre-vingt-dix ans, et ce sont bien les vrais habitants de Ker-Eden. Et encore, sur une centaine de résidants, une cinquantaine seulement déjeunent au restaurant. Les autres, les grabataires, on ne les voit jamais. Ils déjeunent chez eux, avec un plateau-repas (à 1,50 euro de supplément pour le droit de portage).

Je suis consternée. Qu'est-ce que je fais là, avec mes soixante-dix-sept ans ? J'ai encore toute ma tête, même si mon corps ne suit pas toujours. Et une fringale d'activités. À Biarritz j'enseignais à l'Université du temps libre, j'intervenais dans les PME avec EGEE (bénévolat économique auprès des entreprises en difficulté). J'animais un atelier d'écriture et un autre de « globish » (anglais simplifié pour *globe-trotters*)...

Je vivais, quoi ! Et tout à coup, l'horreur de ma situation m'apparaît en pleine lumière. Ah ! elle m'a bien eue, la Patronne, la Matrone, la Matonne.

Ça y est, je suis sur le chemin d'Alzheimer. Je vais plonger c'est sûr. J'ai un gros coup de chagrin. Partir. Vite. Mais où ? Et comment ? Je viens juste d'acheter deux appartements.

D'ailleurs mon gendre confirme mon appréhension. Dès le dimanche suivant, il vient avec Bérangère et leurs quatre enfants voir l'installation de grand-mère. Ils traversent le hall, seule entrée possible (les autres issues sont verrouillées) :

– Qu'est-ce que tu fous là, dans ce mouroir ? Avec la plus-value de ton appartement de Biarritz tu pouvais t'offrir du grand standing, avec vue sur la mer.

– Oh ! la mer, tu sais, à mon âge, j'ai surtout besoin d'être aidée, protégée.

Et mes petits-enfants renchérissent :

– Mais, enfin, grand-mère, toi, t'es pas vieille comme ça !

– Oui, je suis venue trop tôt !

Et je ne le savais même pas. Je suis au bord des larmes. Je vais craquer. Surtout pas devant les petits, ni devant les grands… ni devant moi-même.

Cela fait à peine une semaine que je suis ici. Je vais m'habituer, pour sûr. J'ai juste un peu anticipé, c'est tout. Non, je ne suis pas comme eux, tous ces vieux ratatinés, mais justement, je pourrai peut-être les aider à survivre, leur organiser quelques activités sympathiques, avec la bénédiction de la direction.

C'est là ma première stratégie de défense. Aidante. Du « SOS Amitié » en permanence ? Ce n'est pas trop mon truc, mais ça pourrait le devenir : faute de grives…

Je prends de grandes résolutions. Affronter la réalité de face. D'abord leur parler. Leur adresser la parole. Mais quelle parole ?

– Il ne fait pas très beau aujourd'hui, mais c'est mieux qu'hier…

J'ai horreur des rituels. J'attaque sec, au vif du sujet. Mais je ne peux tout de même pas passer tous les jours devant eux sans leur adresser la parole.

Pour biaiser un peu, je demande à l'hôtesse d'accueil :

– Votre nom, c'est quoi déjà ? Ça s'épelle comment ? Connaissez-vous des artisans dans le quartier : peintre, électricien ? et un médecin généraliste ?

On me donne des adresses. Sans plus. Pour le médecin, ça se gâte tout de suite.

– Tenez, justement, voilà le docteur V. qui soigne bon nombre de résidants ici.

Aïe ! sa tête ne me revient pas. Mais pas du tout. Il m'adresse un regard de faux-jeton, me serre la main mollement.

Je suis épidermique, je le sais. Pas question de le choisir comme médecin de confiance. Heureusement, j'ai des réflexes rapides en cas d'urgence :

– Excusez-moi, docteur, à Biarritz, j'avais une femme pour généraliste, pendant quinze ans. Alors, l'habitude… S'il y a une doctoresse dans le quartier…

Non, me dit-on. On n'en connaît pas. Premier mensonge. Je demande à la pharmacie du coin :

– Mais, oui, madame, il y en a deux, juste en face, dans le même cabinet.

Bien joué. Je les adopte aussitôt. Et tant pis pour le docteur V.

Chouchou de la Patronne qui lui rabat les nouveaux venus, naïfs. Moyennant commission ? Je n'en sais rien, mais c'est courant, paraît-il.

Aujourd'hui, je prends mon courage à deux mains ; je ralentis dans le hall, en revenant de faire mes courses. Je bifurque à gauche, comme d'habitude, pour aller vers le bâtiment C. Tant mieux, c'est le côté des « pas encore toc-toc ». Il y a des clans à Ker-Eden, selon le niveau de dépendance ou d'autonomie : « désorientées », « un peu confuses », « pas raisonnables » pour décrire la même chose : la sénilité, le gâtisme, la plongée en « A » (Alzheimer).

Doucement. Je ménage ma monture. J'ai ralenti devant le rang d'oignons, cinq ou six mémés, vêtues de petits gilets rouges, de bas de contention et de jupettes de jersey gris ou marine : le gratin, les plus dégourdies.

– Bonjour, mesdames, je suis ici depuis peu. Je me présente : Christie Ravenne.

Je me sens stupide comme une vache qui sourit à un train. Une seule me répond. Ouf !

– Oui, je vous ai vue passer plusieurs fois…

Elle a parlé la première. Du coup, elle restera pour toujours ma première « amie » en ces murs. « Amie », c'est beaucoup dire. Mes amies, je les ai laissées à Biarritz. Je n'en aurai plus jamais en cette terre d'exil.

Elle m'a dit « Bonjour », m'a regardée droit dans les yeux. Un regard incisif, curieux, à travers ses petits lorgnons cerclés de métal. À qui donc me fait-elle penser ?

Un flash ! J'ai trouvé. Elle me fait penser à la « Vieille Dame indigne » de Bertolt Brecht ! Trait pour trait. Pas de doute : sa réincarnation. J'avais tant aimé ce film en noir et blanc, vu dans un cinéma d'art et d'essai du Quartier latin dans les années 1970. Plus tard, j'ai lu la pièce de théâtre de Brecht avec la même délectation.

Elle s'appelle Léontine, approche des quatre-vingt-dix ans et en toutes circonstances elle se comporte comme une petite résistante aux pratiques de bienséance de Ker-Eden.

Je fais une pause pour laisser défiler les images de ce film vu il y a quelque quarante ans. J'ai une mémoire époustouflante pour ce qui est vieux. Mais ne me demandez pas ce que j'ai vu hier soir à la télé, je n'en ai pas la moindre idée.

Le « pitch » du film ? Premières images : un enterrement dans un cimetière provincial. Tout le cortège de noir vêtu. Pleureuses de rigueur. Et, au premier plan, une toute petite mémé, la veuve, qui trottine en serrant son livre de messe. Puis on rentre à la maison. Les grands enfants embrassent leur vieille maman et lui prodiguent les conseils adéquats : « Soigne-toi bien, sois bien sage... » Et ciao, bye-bye.

La voilà toute seule, vêtue de noir de la tête aux pieds. Elle enlève juste son petit canotier de paille noire, retire l'épingle qui le cloue au chignon. Elle met le couvert, lentement (une seule assiette), sur la toile cirée à fleurs ; fait son petit frichti ; s'en sert une portion ; se met à table ; mâche chaque bouchée avec application ; se sert un doigt de vin – pas plus – dans son verre, ancien pot de cornichons…

Lentement, dans le silence, désormais son lot. Elle mâchouille. À quoi peut-elle bien penser ? Nul ne le sait.

Et puis tout à coup : zoom sur son regard délavé qui se fait acéré, insistant, réfléchi. Zoom sur le litron de gros rouge à demi plein posé sur la toile cirée, à droite du verre à cornichons. Zoom à nouveau sur le regard brillant derrière les lorgnons cerclés d'acier. Et enfin, un ralenti. Sa main droite se pose sur le litron et, suspense haletant, que va-t-elle faire ? Elle incline la bouteille et se verse… un deuxième doigt de vin.

C'en est fait. Le public a tout compris. À cet instant, la petite grand-mère bien sage, sitôt pépé disparu, a plongé dans l'indignité !

Léontine ne cesse de me surprendre et de me réjouir. Coïncidence, elle habite juste au-dessous de chez moi, tout au bout de l'aile C. Nous partageons le même ascenseur. Cela nous donne une certaine intimité, en cachette des autres.

– Vous êtes la seule à m'appeler par mon prénom, me dit-elle un jour.

– Et ça vous fait plaisir ? Ou pas ?

– Ça me fait très plaisir. Mais la Patronne n'aime pas ça. Elle trouve que ça fait vulgaire. Ici on ne dit que le nom de famille. Mme Machin… C'est plus distingué.

De ce jour, pour ajouter une note chic à mes propres « indignités », je l'appellerai « Dame Léontine ». Les « Dames de Ker-Eden ». Cela fait boule de neige. Peu à peu je les appelle toutes par leur prénom ; « Dame Charlotte », « Dame Angéline », « Dame Amélie »...

Et tant pis pour Mme la directrice qui a horreur des familiarités.

Un jour, je pendrai à la poignée de la porte de Léontine un énorme artichaut breton, cuit. Elle avait poussé un gros soupir en voyant deux artichauts ventrus dépasser de mon Caddie, au retour de mes courses.

– Ici, on ne nous sert jamais d'artichauts. Cela fait des années que je n'en ai pas mangé.

Il ne faudrait pas que cela s'ébruite. Je ne vais tout de même pas livrer des artichauts bretons cuits à tous les nostalgiques !

Les Dames de Ker-Eden gémissent beaucoup sur la morosité de leurs repas. C'est pour cela que je fais les miens chez moi, à la mode gasconne, avec force ail, oignons et piment d'Espelette.

– Ah ! une vraie salade, dans un saladier, avec de la vinaigrette, soupire l'une qui en a assez des trois feuilles de salade au bord de l'assiette de hors-d'œuvre avec un sachet de sauce sous plastique.

– Comme ça, si on n'a pas mangé les trois brins de salade à midi, le soir, non assaisonnés, on les retrouve avec les restes de midi, dans la soupe.

Mauvaises langues... ou justes conscientes des réalités de la cuisine du troisième âge : soupes, purées et ragoûts.

Je ne peux quand même pas les inviter toutes à ma table pour déguster ma poule au pot d'Henri IV ou ma piperade basquaise !

C'est bien là mon problème. Partagée entre des élans de générosité spontanée, qui font chaud au cœur… et des reculs, tout aussi spontanés, d'égoïsme viscéral, mesquin, aigri. Un truc de vieux, c'est sûr. Il ne faudrait pas qu'elles croient au père Noël, mes petites grand-mères. Tiens, je ne parle jamais des « p'tits grands-pères » de Ker-Eden !

Pour la bonne raison qu'ils sont tous morts, ou presque. Rien que des mantes religieuses, qui ont dévoré leur homme. Ou alors c'est la vie ici qui les a bouffés tout crus.

C'est une véritable hécatombe. À peine une dizaine de zombies, en sursis. Le mari de Dame Léontine est mort en 2008, d'un coma diabétique, de nuit. Pas plus vieux qu'elle mais moins résistant, porté sur la bouteille, la grande consolation des vieux. Mais pour un diabétique, l'alcool, ça ne pardonne pas. Il avait même renoncé à l'autogestion de son diabète, assisté matin et soir par ses infirmières. Enfin, assisté cinq minutes avant chaque repas, l'infirmière faisant la piqûre d'insuline, et rien entretemps. Le diabète, c'est un emmerdement permanent. Ça fait le « Yo-Yo » jour et nuit, hyper, hypo. J'en sais quelque chose depuis trente ans déjà. Mais je gère, surtout la nuit. Je me resucre, je me désucre.

Ceux qui partent souffrent du « lâcher prise », la maladie des vieux (selon le docteur Maisondieu), la maladie des hommes de Ker-Eden, qui ont abandonné la partie. Puis c'est le mari de Dame Marie-Charlotte, juste au-dessus de chez moi, qui a lâché. Refus de manger. Un suicide banal dans les mouroirs.

Ou alors le résidant qui s'est tué de nuit en tombant dans l'escalier de service. Somnambule, a-t-on dit. Ou suicidaire ?

J'ai triché en disant qu'il n'y avait que des femmes à Ker-Eden : quatre-vingt-dix pour cent, oui. En fait, j'ai mis du temps à rencontrer un « homme » de Ker-Eden ; c'est une race « en voie d'extinction » dans les gagatoriums. Ils sont déjà morts, statistiquement, vers soixante-dix-huit ans.

Un seul survit, en bas, dans l'« allée des morts vivants », c'est « Gros Roger », mon indic préféré, le Monsieur Piplet de Ker-Eden.

2

L'allée des morts vivants

Il m'a fallu longtemps pour consentir à m'asseoir dans l'allée des morts vivants, le hall d'entrée. Au début, je pensais : moi, jamais. C'est bon pour les autres.

Mais c'est gênant, à la longue, de toiser debout, ébouriffée par les embruns du dehors, ces pauvres bagnards alignés, qui regardent passer les gens bien vivants... Personne ne s'arrête pour leur adresser la parole.

Un jour, prise d'une rare humilité, je fais mine de m'asseoir un instant près de Dame Léontine. Il y a un journal plié sur le siège. Je l'enlève pour le poser sur la petite table.

– Halte-là ! s'écrie le chœur des vieilles dames ; c'est le fauteuil de M. Roger.

Et alors ? En son absence, pourquoi pas ?

Seules Dame Léontine, l'audacieuse, et Madeleine, la douce Alzheimer, osaient approcher Roger. L'une était sa complice, insolente et résistante comme lui, l'autre sa protégée, son bébé, qui venait se nicher près de sa grosse bedaine, agitée de soubresauts chaque fois qu'il piquait un fou rire.

Un fou rire à Ker-Eden, c'est totalement incongru. Mais j'en suis friande, même et surtout dans le silence mortifère d'un gagatorium.

Les voisines m'ont vite mise au parfum.

– Il ne faut pas prendre la place de M. Roger. Il n'aime pas ça. D'ailleurs ce journal posé sur le siège, c'est parce qu'il a… euh… des fuites. Vous voyez. Une maladie grave, quelque cancer mal placé, je ne sais plus…

Qu'importe. Dès la première occasion, je bavarde avec lui. Il me raconte sa vie : enfin quelqu'un qui l'écoute !

Ancien mécano sur un bateau, tatoué, pas du tout le style de Ker-Eden. Malade, condamné à court terme, à la mort de sa mère, il profite de la vente de la maison pour investir son maigre héritage dans le confort d'une résidence. Cela lui coûte la peau des fesses : un T2, loyer + charges + services, mais tant pis. Quand il n'aura plus d'argent, on n'aura qu'à le jeter dehors. Il fait exprès de régler sa facture résidence-services en retard tous les mois, « pour emmerder la comptable ». Il est le benjamin ici, à peine soixante-dix ans, et il espère ne pas survivre trop longtemps. À part Dame Léontine et Madeleine, si absente, il ne supporte personne. Embêtant quand on est bavard de nature. Ma présence est une aubaine. Il me hèle à chacun de mes passages.

– Hep là ! je vais vous en raconter une bien bonne. Vous savez le coup qu'elle m'a fait, la Patronne, hier soir ? Eh bien ! voilà. Après dîner, je rentre tranquillement chez moi vers 6 h 30, comme d'hab'. Je me pose devant la télé. Et tout à coup, ma porte s'ouvre à grand bruit et la Patronne déboule, va tout droit à mon frigo, fouille dedans et s'écrie : « Vous avez mangé mes gâteaux. » J'ai beau me défendre… « Mais quels gâteaux ? » Deux grosses parts de far breton qu'elle s'était mises de côté pour les emporter chez elle. Le mercredi soir, c'est toujours « far breton » pour le dîner allégé. Lundi soir : soupe ou assiette de crudités + riz au lait. Mercredi : soupe + far. Vendredi : soupe + semoule au lait. Toujours. Gourmande comme elle est, la Patronne s'emporte des « *doggy bags* » chez elle. On a l'habitude. Au moment des fêtes, elle charrie des sacs pleins de victuailles, les restes de nos repas.

– Et le « traiteur breton » qui nourrit Ker-Eden est au courant ?

– Bien sûr. Ils sont complices depuis des années. Ils lui font des cadeaux. Elle leur fait des cadeaux.

– Quels cadeaux ?

– Eh bien ! tous ces goûters, activité principale de Ker-Eden, qu'elle leur commande en supplément. Donnant donnant.

– Et alors ?

– Alors, au lieu de partir directement chez elle, à 6 h 30, avec son assiette de gâteaux à la main, couverte d'un léger film plastique transparent, elle a dû se rappeler qu'elle avait encore un coup de fil à donner, car elle a posé les gâteaux à l'accueil, en contre-bas du comptoir, pour qu'on ne les remarque pas… et elle est allée à son bureau. Quand elle est revenue, dix minutes plus tard, les gâteaux avaient disparu. Envolés ! Alors elle a foncé chez moi.

– Votre porte n'était pas fermée à clef ?

– Non, je la laisse ouverte, comme tout le monde. J'attendais l'infirmière du soir. De toute façon, la Patronne a son passe-partout. Elle entre donc partout, fouille partout, confisque les bouteilles dans les placards.

– Mais c'est de l'intrusion, une atteinte à la vie privée…

– Vous vous y ferez. À Ker-Eden, pas de vie privée. La Patronne, ou l'hôtesse d'accueil, entrent chez vous n'importe quand, que vous soyez là ou pas. On n'a jamais su qui avait mangé les gâteaux de la Patronne. Mais je me suis disputé avec elle, une fois de plus, et je l'ai prévenue : la prochaine fois qu'on vous volera, ce sera moi. Voilà. J'en ai marre d'être toujours accusé pour rien. »

Sur le moment, j'ai ri de cette anecdote. Il faut bien rire un peu. Et puis, avec le temps, j'ai ri jaune, de plus en plus jaune. Moi aussi, j'en ai assez des « *doggy bags* » qui s'apparentent de plus en plus à des « abus de biens sociaux ». Tout, à Ker-Eden, appartient à Mme la directrice.

On s'ébroue, dans l'« allée des morts vivants », dès que l'hôtesse d'accueil est en vadrouille à droite ou à gauche, et surtout dès que l'on peut dire du mal de la Patronne.

– Elle ne nous aime pas, dit l'une.

– On ne l'aime pas non plus, ajoute sa voisine.

– D'ailleurs, Mme la directrice n'aime qu'une personne, elle-même, commente la troisième.

Elles ont beau être alignées en rang d'oignons, ce qui est peu propice à la communication, les vieilles poulettes de Ker-Eden ont la dent dure dès qu'il s'agit de « la Patronne » !

Et puis l'hôtesse-infirmière de garde revient après avoir raccompagné quelque grand-mère dans ses pénates et le silence retombe. Le grand silence de Ker-Eden, l'antichambre de la mort.

Ce silence n'est manifestement pas imposé, mais il est induit par la position en rang d'oignons. On ne bavarde pas de profil. Et surtout pas d'ateliers-paroles ici, ni d'ateliers-mémoire, rien... Ni aucune activité qui se pratique en cercle. Ailleurs, oui. Surtout dans les foyers du troisième âge les plus modestes, qui grouillent d'activités conviviales : dominos, revues de presse, débats... Ici, c'est l'allée muette ou la chambre. Choix binaire, si triste.

Le premier été n'est pas encore terminé que Dame Charlotte, souvent coquine, me glisse un jour dans le creux de l'oreille :

– Les choses ont beaucoup changé depuis votre arrivée...

– Ah bon ?

– On ose parler tout fort, de temps en temps...

En général quand une grand-mère parle, de profil, à sa voisine dure de la feuille, elle est obligée de monter un peu le son. Aussitôt un « oukase » est proclamé, venant du bureau de l'accueil.

– Mesdames, taisez-vous, on n'entend plus le téléphone !

Bon prétexte. La parole, ça dérange. On ajoute même le geste à l'oukase : la main en l'air, pour marquer le veto, comme pour taper sur la pauvre bavarde. Alors la coupable s'arrête net et replonge dans son silence résigné. Et puis la « chienne de garde » s'en va et les chuchotements reprennent... Le téléphone sonne, puis l'interphone, puis la sonnette d'alarme... Si l'hôtesse est absente, personne ne répond. Et ça sonne, ça sonne. Les familles se plaignent souvent, personne ne répond au téléphone. Ça les dissuade d'insister pour entrer en relation : Silence, on meurt !

Peu à peu je décode toutes les lois de Ker-Eden, le plus souvent occultes mais impératives.

Seul Roger viole constamment la loi du silence de Ker-Eden. C'est la raison pour laquelle il se place le plus loin possible du bureau d'accueil, tout au bout de l'allée des muets.

L'accueil, c'est la plaque tournante de Ker-Eden. D'où l'attrait qu'il exerce pour les petites mémés qui voudraient bien se chauffer à la vie qui vient du dehors. Visiteurs extérieurs, infirmières, aides ménagères, ambulanciers, croque-morts, tout le monde passe par le grand hall. Certains y patientent même à la recherche de M. ou Mme X puisqu'il n'y a pas d'affichage des numéros d'appartements. Si l'accueil est désert, ils attendent, mouillés, debout, appuyés à une colonne. L'œil mi-clos, les vieilles poulettes les surveillent, sans jamais leur adresser la parole.

Au début, j'ai tenté d'informer les visiteurs ou même de décrocher le téléphone, en l'absence de la gardienne, pour rendre service.

– De quoi j'me mêle ? m'a lancé Peau-de-Vache, une des trois hôtesses d'accueil, avec son insolence coutumière.

Au début, cette insolence m'amusait plutôt. Sa façon bien à elle d'envoyer sur les roses toute résidante qui l'approchait. Très vite, elle a commencé à me chauffer les oreilles, quand c'est moi qui dégustais.

Six mois plus tard, nous étions des ennemies déclarées. Un jour, elle m'a jeté : « Dégagez ! »

Je ne m'attendais pas à trouver une hôtesse d'accueil qui se comporte comme un videur de boîte de nuit !

Heureusement, j'entretiens de bonnes relations avec les deux autres hôtesses-infirmières, qui assurent avec Peau-de-Vache, par roulement, de 8 heures du matin à 8 heures du soir et sept jours sur sept, la charge de tout Ker-Eden. La Patronne est souvent absente ou enfermée dans son bureau-refuge, tout au bout d'un couloir. Sa secrétaire-comptable, une petite souris grise, grognon, niche dans son trou, un cagibi adjoint au bureau de la Patronne. La nuit, c'est pire. Un étudiant en médecine dort au premier étage dans un local fermé, appelé « l'Infirmerie ». Seul un tableau de bord le relie aux cent quatre appartements où gisent des vieux cacochymes, toujours coupables de tirer sur le cordon d'alarme. On doit mourir en silence dans un gagatorium chic. C'est ça, la classe.

Tous les autres, les prestataires de services, cuisiniers, serveuses, femmes de ménage, jardiniers, ne sont que de passage. Et totalement indifférents à la vieille volaille qui piaille dans ce poulailler.

Ah ! j'oubliais les « stagiaires », si pratiques parce que gratuites. Il y en a toujours une en piste. Rarement deux. Toutes jeunettes, apprenties infirmières ou aides-soignantes. Quelquefois un garçon « auxiliaire de vie ». Quand j'en rencontre un ou une dans les couloirs, je lui parle. Ça l'étonne. Je lui demande s'il se plaît ici.

– Pas vraiment.

– Combien de temps allez-vous passer à Ker-Eden ?

– Deux semaines (parfois trois).

– On vous traite bien ?

– … ?

– Vous êtes payée ?

– Non, pas un sou. Pas de repas, non plus. J'apporte mon sandwich et je vais le manger à midi dans un salon vide, au premier étage.

– Quand vous servez le goûter, à 4 heures, les jours d'extra, vous avez droit à une part de gâteau, quand même ?

– Non, jamais. Pas de gâteau pour les stagiaires.

Ça, c'est le style de la Patronne tout craché. Dans les maisons bourgeoises on ne donne pas de gâteau aux domestiques.

« *Margaritas ante porcos* » (des perles aux pourceaux). Mon latin me revient encore, bien que remontant à mon enfance studieuse.

– Et une petite pause dans la journée ?

– Jamais non plus. Je dois raccompagner sans cesse tous les égarés qui rôdent dans les couloirs. Je les ramène chez eux. Cinq minutes plus tard, avec leur petit déambulateur ou leurs béquilles… ils sont de nouveau en promenade. C'est saoulant à la longue.

Je monte aussi les plateaux-repas aux grabataires. Je pousse les fauteuils roulants après le déjeuner…

Pas étonnant que la réputation de Ker-Eden en ville soit si mauvaise.

Quand je dis : « J'habite à la résidence Ker-Eden, vous connaissez ? », on me répond invariablement :

– Bien sûr. Ma fille y a été stagiaire. Elle en garde un sale souvenir. Elle ne supportait pas tous ces cotillons ridicules. On la forçait même à se déguiser en sorcière pour Halloween !

En ville, tout le monde a une fille, une sœur, un voisin qui a été stagiaire, infirmière, jardinier, aide ménagère, cuisinier, ouvrier à la résidence la plus chic du coin : Ker-Eden.

Parfois même ce sont des parents qui y ont résidé.

– Ma belle-mère. Heureusement, elle est morte assez vite. Heureusement pour elle et pour nous.

Je n'aime pas le petit geste dont on accompagne les commentaires, quand je cite Ker-Eden. Ce petit geste de palper de la thune, du pèze, du fric, du pognon… en faisant riper le pouce contre les autres doigts.

– Non, dis-je, tout le monde n'est pas plein aux as à Ker-Eden. Vous faites erreur. Il y a même des résidants qui touchent l'aide sociale.

– Je sais. Il y a des taudis, des vieux qui trempent dans leur pipi toute la journée dans leur chambre. Mais, pour l'extérieur, Ker-Eden joue la comédie du bling-bling : goûters fastueux, grands éclairages jour et nuit dans les galeries vitrées… Et en face, dans les HLM, on n'arrive pas à payer sa note d'électricité. Alors le bling-bling de Ker-Eden, ras le bol ! Ils sont malheureux, tous ces vieux, toujours enfermés dans leur mouroir, silencieux, alignés dans le couloir.

Les commentaires vont bon train. L'image de marque est lamentable mais justifiée. Sans surprise, les gens d'ici n'y achètent plus d'appartements, n'en louent plus. Les résidants viennent d'ailleurs, de très loin souvent… comme moi.

Difficile de savoir à quand remontent mes premiers doutes à propos de l'édifice mafieux si bien maquillé où je me trouvais désormais prisonnière.

Épidermique de nature, mon corps a réagi bien avant ma tête. Tous les clignotants au rouge : diabète, asthme, arthrose, tension. Et pourtant j'étais au Paradis des seniors, me répétait le prospectus : « convivialité-autonomie-sécurité ».

Bah ! je m'y ferai. Un peu de morosité, c'est normal, au début. L'exil, le dépaysement…

Tout l'été 2007, j'explore les possibilités de Ker-Eden. Les activités ? Nulles ou inexistantes. Les goûters ? Pas ma « *cup of tea* » : je suis diabétique. Gâteaux, jus de fruits, tasses de chocolat me sont interdits. Les repas ?

– Faites un effort ! Venez déjeuner au restaurant de temps en temps. Vous verrez, chez nous les repas sont très soignés, me dit la directrice.

Je fais un effort. Pour le 4 juillet (fête de l'Indépendance américaine), le programme mensuel annonce « *Barbecue party* ». Je m'inscris pour le déjeuner. On profitera peut-être de la terrasse ?

Il fait beau ce jour-là, mais le repas est servi au restaurant comme d'habitude : salade composée, côtelettes d'agneau grillées et – ô miracle – une tache brune répandue au bord de l'assiette : de la « Barbecue sauce » à la mode Ker-Eden (de la sauce en bouteille, achetée au supermarché).

Pas de quoi en faire tout un flan breton. Pour compenser cette tricherie, il y a des drapeaux américains épinglés aux murs et les serveuses ont des dégaines à la « Annie du Far West », avec leurs chemises à carreaux, leurs jeans et leurs grands chapeaux de cow-girls. Qu'est-ce que vous croyez, on a une dimension internationale au McDo de Ker-Eden. Je verse une larme invisible, au passage, sur mes souvenirs de jeunesse.

Pour comble de disgrâce, « on » m'a placée en face de Dame Germaine, vieille fille aigrie, genre « instit » autoritaire, qui joue les intellectuelles en faisant toujours semblant de se plonger dans ses mots fléchés. Bon prétexte pour ne parler à personne et grogner sans cesse dans sa barbe. On l'empêche de se concentrer.

Un jour, la moutarde me monte au nez :

– Mais pourquoi est-ce que vous ne restez pas chez vous pour faire vos mots fléchés ? Au moins vous ne seriez pas dérangée !

Pas de réponse. Juste un regard courroucé. Tant pis, je n'ai pas l'intention d'en faire une amie.

Fidèle à mes principes, je continue à dire « non », même à Ker-Eden où la soumission est de mise. À près de quatre-vingts berges, je suis toujours aussi « teigneuse ». Mais comment survivre ici dans de telles conditions ? Même les « vieilles dames indignes » et les « Tatie Danielle » finissent par plonger. La loi de Ker-Eden vient à bout des plus têtues, la loi du silence imposé, du temps qui s'abat inexorablement sur les vieux.

Il serait temps de m'enfuir. Mais comment ? Mon « pronostic vital » est engagé, comme dit le corps médical. Je suis sur la mauvaise pente, et je le sais.

3

Payez et taisez-vous !

Mes relations avec les petites grand-mères progressent. Je prends presque mon mal en patience, mais toujours avec l'intention de ne pas moisir ici trop longtemps. L'été 2007 s'achève. J'attends septembre avec grand-hâte pour explorer les activités offertes ailleurs. On annonce çà et là des « opérations portes ouvertes ». Je vais m'y précipiter. Pour survivre et garder le moral, il me faudra fuir un peu chaque jour... avant de le faire pour de bon.

Pour le moment, j'ai une obsession urgente. Je voudrais comprendre où je suis et comment fonctionne cette résidence privée (non médicalisée, donc non conventionnée).

La première facture mensuelle de l'« Association des usagers de Ker-Eden » m'a fait bondir : « Cotisation-Services » = 481,10 euros par mois, exigibles une semaine avant le début de chaque mois.

Quoi ? Quels services ? Je paie déjà mes charges de copropriétaire. Quant aux « Services » de Ker-Eden, il y en a fort peu et ils sont facultatifs. Je ne vais pas aux goûters, je prends mes repas chez moi. J'aime bien cuisiner. D'ailleurs les repas sont facturés directement par le traiteur, qui a le monopole – juteux – de la résidence (près de 9 euros le déjeuner, près de 4 euros le dîner « allégé », composé d'une soupe et d'un laitage). Sans oublier les 1,50 euro de « droit de portage » pour chaque plateau livré.

J'essaie vainement d'interroger la directrice. J'ai tout de même le droit de m'informer puisque rien n'est affiché nulle part et que je ne me souviens pas d'avoir signé de contrat pour les « Services ». Chaque fois que je l'aborde, Mme Cloarec passe son chemin sans s'arrêter.

La modestie n'est pas mon fort. Comme consultante en management j'avais l'habitude de traiter de gros contrats avec de gros bonshommes. « Qu'on ne nous dérange pas », disaient-ils à leur secrétaire. C'est la politesse des décideurs. Seuls les minables jouent les gens très occupés devant leurs visiteurs. Mme Cloarec est la championne du dos et des talons tournés, des prétextes fallacieux.

Je ne m'habitue pas à être traitée avec un tel mépris. C'est pourtant le sort de tous les résidants ici. Oui, mais moi, je suis nouvelle. Je ne suis pas d'accord. Désormais, j'entre en résistance. Le régime fasciste ne me convient pas du tout.

D'ailleurs quelles urgences l'appellent ? Je surprends la directrice tous les matins à prendre ses éternelles pauses-café au « Salon », près du restaurant, juste séparé par un claustra. Elle reçoit son

« personnel » (la comptable et l'hôtesse du jour) et ses visiteurs. « Breakfast at Tiffany's ». Il y a là un bar, un minifrigo pour le jus d'orange, un micro-ondes pour réchauffer les viennoiseries, un percolateur. Elle est la seule à en avoir l'usage, ainsi que des énormes fauteuils club, recouverts de tissu damassé. Les résidants ne s'installent jamais dans ce salon cossu. Les fauteuils profonds, quelle calamité ! Il faudrait une grue pour les en extraire.

Ces fauteuils club n'ont qu'un usage « dissuasif », comme je le découvrirai peu à peu. À Ker-Eden, les résidants n'ont pas de « pièce à vivre » comme dans les résidences normales du troisième âge, tout bonnement parce qu'ils ne sont pas là pour vivre mais pour mourir. Tout est fait pour qu'ils restent enfermés dans leur chambre.

L'après-midi, la directrice reçoit ses amis dans la « véranda », avec vue sur le jardin arboré. En principe, sur le prospectus, cette véranda est destinée aux « repas de famille », pour les anniversaires. En fait, elle est vide à longueur d'année, sauf… pour les réceptions privées de la Patronne.

Pour le moment je cherche à savoir comment fonctionnent ces « Services » qui me coûtent si cher et que, dès le début, j'ai baptisés à juste titre : les « servitudes » de Ker-Eden.

La Patronne me tournant le dos, sonnons à une autre porte. Peut-être la comptable pourra-t-elle me renseigner ? Elle doit bien connaître, elle, le contenu des facturations. Encore une esquive :

– Voyez avec Mme la directrice.

– J'en viens. Il y a bien un barème, un tarif affiché des prestations « Services ». Enfin, comme cliente, j'ai bien le droit de savoir ce que je paie !

– Vous êtes « résidante », il n'y a pas de clients ici.

J'insiste : la relation client-fournisseur, les notions contractuelles… Inconnues à Ker-Eden. La comptable harcelée, à bout d'arguments, cherche dans un dossier.

– Et ça ? Vous l'avez bien signé.

Je tombe des nues. « Ça », c'est un tout petit document de deux pages à peine, intitulé pompeusement *Règlement intérieur*, et particulièrement dépourvu d'intérêt.

Oui, je l'ai signé. Dès mon arrivée, on me l'a tendu à l'accueil. Je l'ai lu en diagonale. Il y était question de chiens admis, mais toujours tenus en laisse, de la « courtoisie » de mise dans une résidence pour seniors, des horaires à respecter… Si peu intéressant que je l'ai signé sans protester et classé aux oubliettes.

– Et là, insiste la comptable de sa voix aigrelette, là, vous voyez bien…

En effet, je relis, dans le premier paragraphe, une phrase anodine qui m'avait échappé : « l'Association des usagers propose des activités diverses, intéressant les personnes du troisième âge ».

Je proteste :

– Mais cette phrase floue n'a rien d'un contrat. Vous ne pouvez pas me facturer d'autorité 481,10 euros par mois sur cette seule phrase ! Un contrat c'est chiffré, justifié, discuté, négocié…

– Vous avez signé, répète la comptable grise, obstinément.

Je me sens piégée. Dans une grande colère, je remonte chez moi. Que faire ? Tabasser mes oreillers, je ne fais que ça, toutes les nuits. Depuis quarante ans, je pratique la Bio-Énergie reichienne[1] avec succès. J'en ai tué des coussins en les appelant du nom de mes tortionnaires !

Elle m'a tellement échauffé les oreilles, la petite comptable bouchée, qu'elle prend une bonne raclée, par coussin interposé. Me voilà calmée… provisoirement.

Un autre jour, je tente ma chance auprès de l'aînée des infirmières-hôtesses, une forte femme, proche de la retraite, qui s'est toujours montrée très correcte avec moi. Mais dès que je lui pose des questions sur le fonctionnement de Ker-Eden, elle recule, pose un doigt sur ses lèvres et fait un signe de croix devant sa bouche :

– Chut, madame Ravenne, vous allez avoir des ennuis. Ici, on ne pose pas de questions.

L'omerta, encore et encore. « Payez et taisez-vous. » J'enrage de ne pouvoir obtenir aucune information. Ah ! du temps où j'étais journaliste, je finissais toujours par les trouver, les informations dont j'avais

1. Merci Wilhelm Reich, tu as bien fait de quitter ton maître Freud, trop intellectuel et trop bourgeois pour ton goût. Dissident génial, communiste, réfugié aux États-Unis pendant la guerre, tu y as fait école. Certains psychanalystes américains pratiquent toujours ta « Bio-Énergie » brutale mais efficace. J'y ai pris goût il y a quarante ans avec un gourou austro-américain en tournée à travers l'Europe, lors d'un atelier expérimental avec des médecins et « psys » français. J'étais alors journaliste, à l'affût d'expériences nouvelles.

besoin. Je tirais tous les cordons de sonnette jusqu'à dénicher la bonne porte, le bon interlocuteur, le bon « indic ».

Têtue, je tente alors ma chance auprès de la troisième hôtesse, la cinquantaine, le poil court, toute timide, un peu « bonne sœur » avec sa gentillesse permanente. Ou plutôt le style de ces infirmières un peu ringardes qui confondent toujours « malade » et « débile ».

– Alors, elle a bien dormi, la petite dame ? et le petit monsieur, il a bien déjeuné ?

La voilà affolée dès que je tente de m'informer.

– Oh ! madame Ravenne, vous allez avoir des problèmes si vous posez des questions pareilles.

Encore un refus. Et mon nom à toutes les sauces. Ici on identifie sans cesse M. ou Mme Machin. Et puis, voilà. On passe son chemin.

« Payez et taisez-vous. » Où donc irai-je demander des comptes ? Ce sont les seuls permanents de Ker-Eden, la directrice, la comptable grise et les hôtesses muettes.

Reste ma femme de ménage, prestataire indépendante qui n'a pas la langue dans sa poche. Marie-Jeanne est un des piliers de Ker-Eden, depuis des années. Peu stylée, elle agace la directrice à force de traîner dans les couloirs entre deux « clientes », qu'elle appelle ses « p'tites mémés ». C'est d'elle que je tiens l'habitude de désigner ainsi les résidantes.

Marie-Jeanne ne se fait pas prier pour me mettre au parfum :

– Vous n'êtes pas la seule à vous plaindre de la loi du silence imposée ici. Les familles râlent, mais on les envoie sur les roses. « C'est comme ça ; si vous n'êtes pas contents, mettez votre grand-mère ailleurs. » Et comme ailleurs, dans les EHPAD médicalisés, c'est plein à craquer… Il y a de longues listes d'attente. Alors on met la p'tite mémé à Ker-Eden en attendant une place ailleurs, et on se plie aux règles du jeu, de gré ou de force.

– Et vos p'tites mémés, elles vous parlent d'argent ? Elles ont conscience de ce qu'elles dépensent ici ?

– Pensez-vous ! Toutes plus gâteuses les unes que les autres. Avec vous, au moins, on peut parler.

– C'est donc avec les familles que vous faites affaire.

– Bien sûr. Et on me fait confiance. Tenez, la p'tite Dame Germaine que je promène souvent dans son fauteuil roulant. Eh bien, elle faisait la grève de la faim. C'est courant ici. La seule façon de dire « non ». Elle maigrissait à vue d'œil, enfermée chez elle, toute seule, toute la journée. Ses plateaux-repas repartaient pleins, intacts. Alors sa fille m'a demandé de lui faire ses courses et ses repas. Elle adore la purée, ma p'tite mémé. Mais attention, je ne lui fais jamais la même deux fois de suite. Un jour c'est la purée de carottes, le lendemain purée de haricots verts. J'y ajoute un œuf battu, un peu de crème fraîche, ou du jambon… Le tout passé au mixer. Croyez-moi, elle a repris trois kilos en six mois !

Malheureusement sa petite protégée a fini par mourir un jour. Marie-Jeanne, en bonne nounou, a beaucoup pleuré :

– C'était devenu comme mon enfant, à la longue. Je la promenais dans les couloirs. Je la déposais au passage là où il y avait un peu de chaleur humaine pour la réchauffer.

– Dans le hall d'entrée ?

– Bien sûr. Mais la Patronne se fâche. Elle n'aime pas voir traîner en bas les vieux qui ont mauvaise mine. Ça ne fait pas chic.

– Je vous ai vue servir parfois du chocolat chaud pour les goûters. Vous êtes payée pour ce service à la collectivité ?

– Pensez-vous ! Jamais un sou. Pas même un gâteau. Ni un verre de jus de fruits. Je fais ça pour rien. Juste pour me rendre utile, pour être tolérée en bas. Sinon on me chasse du restaurant. Je n'y suis pas admise, sauf si j'accompagne une infirme. Et ça me force à rentrer chez moi, entre deux séances de ménage. Alors je préfère rester…

Marie-Jeanne et Gros Roger sont mes meilleurs indics. Les seuls bavards, toujours prêts à violer la loi du silence. Mais l'un et l'autre ignorent tout des structures et du fonctionnement de la résidence.

À force de voir passer les jardiniers sous mes fenêtres, avec une grosse tondeuse à gazon, je surveille leurs horaires, leurs pratiques. Le chef d'équipe les dépose en camion, donne des consignes et s'en va. Ils sont jeunes, peut-être même stagiaires. Dès que le chef a le dos tourné, ils s'offrent des pauses-cigarette.

Les jours de pluie, ils laissent de véritables tranchées boueuses sur le gazon avec leurs gros engins. Tant pis. Personne ne contrôle leur travail. Jamais ils ne ramassent les canettes de bière, papiers et ordures qui jonchent le jardin. Le « parc arboré » de Ker-Eden est situé dans un quartier chaud, entre des barres de HLM (le terrain ne coûtait pas cher à l'achat pour les promoteurs).

Tout au plus, les jeunes jardiniers soufflent les ordures avec un gros tuyau prévu à cet effet et les refoulent au pied des massifs d'hortensias. L'été, cela ne se voit pas trop à cause du feuillage fourni. L'hiver, le parc ressemble à une décharge publique. Personne ne s'en plaint. Les résidants impotents se hasardent rarement dans les allées pleines d'ornières qui n'ont pas été recailloutées depuis vingt ans.

Quand même, j'aimerais bien savoir combien coûtent les frais de jardinage sous-traités à une entreprise prestataire. J'ai raté l'assemblée générale du conseil syndical des copropriétaires, qui a eu lieu à Pâques 2007, peu avant mon arrivée.

Les appels de fonds du syndic me parviennent régulièrement. Très élevés, eux aussi. Environ le même coût que les services, en moyenne 500 euros par mois. 1 000 euros par mois pour 63 m^2, je ne m'attendais pas à ça.

Je décide de réclamer des informations à qui de droit : directement au syndic. C'est mon droit de copropriétaire. À Biarritz, je faisais partie du conseil syndical des copropriétaires de mon immeuble et je m'impliquais sérieusement dans cette mission.

Ici, je ne sais même pas qui est propriétaire et qui est locataire. Plus tard, j'apprendrai que, sur 104 appartements (6 T1 + 80 T2 + 18 T3), environ quatre-vingt-dix pour cent appartiennent à des propriétaires-bailleurs absents et peu concernés tant que les loyers sont payés. Nous sommes à peine dix pour cent de propriétaires-résidants et la plupart sont très « désorientés », comme on dit ici pudiquement. Les familles gèrent de loin et râlent. Reste moi, Mme « De quoi j'me mêle ».

Payez et taisez-vous ! Pas d'accord. J'appelle le syndic.

– Je voudrais les relevés de charges détaillés de l'année passée (2006). Je ne les ai pas eus à mon arrivée. Juste quelques informations orales, floues et pas justifiées.

On s'étonne. Drôle d'idée. D'habitude les résidants ne réclament rien. Mais enfin, on va m'envoyer le décompte des charges de 2006.

Enfin des chiffres. Dès leur arrivée je me jette dessus. Quoique n'ayant pas de formation comptable, j'ai l'habitude de déchiffrer ces données, l'« imputable » et le « non-imputable », le « déductible » et le « non-déductible », le « prévisionnel » et l'« échu », les « emprunts »…

Cependant je m'étonne du nombre impressionnant de rubriques, des pages et des pages de prestations de services (jardinage, ménage, restauration, contrôles divers, chauffage, aérations, travaux…). Et toujours la même question. Qui contrôle ? Personne. On ne voit guère les gens du syndic sur les lieux ni les « copros ». Quant à Mme la directrice, elle s'en soucie comme d'une guigne.

Certaines rubriques sont difficiles à identifier, sibyllines. La SCI-KODA me coûte personnellement 250 euros par mois pour mon T3, via le syndic qui me l'impute. Quésaco ? Je mettrai longtemps à découvrir que cette SCI mafieuse, créée et toujours gérée par les anciens promoteurs, loue aux résidants les « parties communes » (restaurant, entrée, « salles d'activités » du premier étage…). Un « droit de péage », ni plus ni moins, pour être autorisé à marcher en ces lieux. On se croirait au Moyen Âge. « Droit de péage ». « Droit de plumage ». Et quoi encore ?

C'est la loi de Ker-Eden. Ici les uns sont décisionnaires à cent pour cent (les promoteurs-bailleurs), les autres muets et payeurs à cent pour cent (les résidants plumés et déplumés).

Je n'ai pas encore tout compris, mais je subodore. Ça sent diablement la magouille. La moutarde me monte déjà au nez sans que j'aie de preuves de toutes ces pratiques mafieuses.

Vers novembre 2007, j'ai reçu une convocation du syndic pour une assemblée générale extraordinaire. Décision urgente à l'ordre du jour : voter « pour » ou « contre » la réfection des sols dans les couloirs. Il est vrai que toutes les moquettes de Ker-Eden dans les longues coursives des trois bâtiments sont d'origine. Maculées (plateaux renversés, fuites des couches-culottes…), ces moquettes sont la honte de Ker-Eden. « La résidence la plus sale de la ville, côté moquettes », répétaient les infirmières libérales. Mais depuis des années les copropriétaires, près de leurs sous, votaient « contre ». Trop cher et difficilement imputable aux locataires…

Un matin de novembre à dix heures moins cinq, j'attends, seule dans une salle de réunion, chez le syndic, en centre-ville. J'attends les « copros ». Enfin, je vais les connaître. Ils arrivent tranquillement, se gratifiant d'accolades amicales. Vite recensés, une douzaine en tout, deux femmes, un couple effacé et le reste, des messieurs décontractés, en polo, portant beau, entre cinquante et soixante-cinq ans. Ce sont les membres du conseil syndical, tous sauf le couple effacé qui vient juste voir, par hasard, comme moi.

Ma présence les stupéfie. Une propriétaire-résidante ? Ils n'ont jamais vu ça aux réunions.

Je suis à la fois la douairière et « la résidante ». Encouragée par l'intérêt que je provoque, j'en profite pour réclamer qu'ils se présentent :

– Je n'ai pas pour habitude de travailler avec des inconnus…

Gros fou rire. Elle est gonflée, la vieille dame ! Ils s'exécutent en souriant. Certains sont encore en activité, patrons de petites entreprises, commerçants, hommes d'affaires. Quelques-uns sont à la retraite depuis peu. Un peu trop sûrs d'eux peut-être, mais cela ne me fait pas peur. J'ai fréquenté pas mal de machos dans ma vie professionnelle.

Bâclée, l'AG, comme il se doit. Ils sont pressés. Cette fois on vote « pour » la réfection des moquettes en urgence, après avoir choisi le devis le moins cher. Et ciao. Ils se lèvent pour partir.

Holà ! j'ai beaucoup de questions à poser. L'un d'eux s'approche de moi, tout sourire.

– Enfin une résidante qui s'intéresse à la résidence. Merci d'être venue. Je suis d'autant plus intéressé par votre présence que je suis le président de l'Association des usagers.

J'ai visé dans le mille. Je joue la vieille dame un peu naïve :

– Ah ! bon. C'est quoi « l'Association des usagers » ? Justement j'ignore totalement à quoi elle sert…

Le beau monsieur, galant homme, se fera un plaisir de répondre à toutes mes questions. J'en profite outrageusement. Il s'appelle Bernard Seigner. Bon « saint-bernard » et « grand seigneur » à la fois (mes moyens mnémotechniques pour retenir son nom sans bloc-notes). Je le saoule de questions très, très précises. Jamais il ne recule. Ah ! les grandes choses que nous allons faire ensemble. Ressusciter Ker-Eden. Il a le pouvoir (comme président du conseil d'administration). J'ai le savoir, le vécu (comme résidante) et le savoir-faire (comme ex-consultante). Et nous sommes tous les deux des humanistes…

Dans l'euphorie de nos projets de collaboration, nous en oublions l'heure. Debout dans le couloir, appuyés au mur depuis une heure et demie, attention à l'hypoglycémie. La sueur coule sur mes tempes, signe de coma diabétique imminent. Je lui demande la permission d'avaler trois morceaux de sucre, toujours dans mon sac, pour les urgences.

Il est désolé, mais vraiment désolé. Moi pas. Quelle heure est-il ? Je n'ose regarder ma montre. Le personnel du syndic est parti déjeuner… puis revenu. Il est temps de nous séparer.

– On se rappelle. Promis. On a tant de choses à faire ensemble.

À peine dehors, je me précipite à la crêperie du coin de la rue. Pas question de reprendre le bus au bord de l'hypoglycémie.

Bien sûr, debout dans le couloir je n'ai pas pu prendre de notes. À peine rentrée, je couche tout sur mes fiches, le dit, le non-dit, le suggéré, le rêvé.

Le beau monsieur, qui fut mon premier et grand ami dans la place (ai-je cru), devint bientôt mon pire ennemi. Un vieux proverbe dit à peu près : « Mon Dieu, protégez-moi de mes amis, pour mes ennemis, je m'en charge. » Eh bien, Bel-Ami que je crus « Grand Seigneur » a pris, toujours par coussins interposés, de sacrées raclées, bien méritées, dans les années qui ont suivi, à mesure qu'il vampirisait mon petit patrimoine, mais toujours pour des raisons « humanitaires » et « communautaires ». Bel-Ami est très généreux… avec les deniers des autres.

Plus tard, je l'ai surnommé « Sitting Bull » (Taureau Assis), le héros des westerns de la MGM. Celui qui fait des ronds de fumée avec son calumet de la paix, assis sur son noble derrière de patriarche. Pendant près de quatre ans, je lui ai fait un « audit » permanent de tous les problèmes non résolus de Ker-Eden.

Avec « préconisations » à court, moyen et long terme pour en sortir. Pendant des années, il m'a envoyé des cartes postales enthousiastes de son bled du Finistère ou d'Alsace où il restaurait la maison de sa mère décédée. Et puis il a enterré régulièrement toutes mes analyses sociologiques, stratégiques… Mais comment dire à un monsieur si gentil qu'il est un danger public ? Pourtant, je n'ai pas rêvé. C'est bien lui qui m'a proposé, au départ, les deux missions que j'ai acceptées et dont je me suis acquittée avec le plus grand sérieux : relancer les « Activités », nulles ou inexistantes, et relooker les locaux du premier étage et du salon, laissés à l'abandon.

Dans l'euphorie de nos projets communs, il a même ajouté :

– Et, bien sûr, je compte sur vous pour vous présenter à la fois au conseil syndical des propriétaires et au conseil d'administration de l'Association des usagers, aux deux AG du printemps 2008.

J'ai dit « oui ». Je marche à tous les coups. J'ai besoin qu'on ait besoin de moi. Je cours. Je bosse. En échange il a dû lâcher du grain. Et cela ne tombe pas dans l'oreille d'une sourdingue. En bonne (ex-) journaliste, je note tout sur mes fiches. Cela resservira un jour.

Sitting Bull a l'air stoïque mais avoue quelques soucis.

– Ah ! c'est bien difficile de gérer dignement cette belle résidence, avec toutes ses servitudes, ses statuts léonins, hérités des promoteurs, toujours présents au conseil d'administration, même s'ils ne viennent pas aux réunions. Ils représentent toujours une force de blocage quand nos décisions les dérangent. Tenez, même ce procès, perdu par Ker-Eden pour illégalité…

Vite. Je note dans ma tête avant de remplir le bloc-notes à la maison. Toutes ces pistes à peine évoquées, je les explorerai plus tard, avec mes conseils juridiques, quand la guerre sera déclarée.

Je t'en foutrai de la « loi du silence », de l'omerta imposée. On est journaliste jusqu'à sa mort et jamais sourde.

En fait, je me sens prise entre deux missions contradictoires : dénoncer ou aider à redresser ? Les deux à la fois ? Optimiste de nature, je tenterai d'abord d'aider à redresser, de toutes mes forces. Si c'était possible, cela vaudrait la peine. Mais si, de dérive en dérive, Ker-Eden coule, comme le *Titanic*, pour gestion calamiteuse, je filerai la première, avec les rats.

Pour le moment, je me sens mieux, maintenant que j'ai une source d'informations (Sitting Bull) et des relations – précaires – avec quelques résidants. J'envisage d'entrer en communication avec les autres, les muets, les zombies, les « A », « A-1 », « A-2 » (Alzheimer et dernières étapes avant -1, -2). Tous ces chiens perdus sans collier que je vois errer dans les couloirs, seuls, abandonnés, hagards, comme des somnambules sans regard.

4

Chiens perdus sans collier

Dans les premiers mois de mon séjour à Ker-Eden, j'ai fait semblant de les ignorer, les « A ». Je n'osais même pas prononcer le mot « Alzheimer » dans ma tête. Quand j'en rencontrais dans les couloirs, j'essayais juste de les classer : « A-1 », « A-2 ».

Le compte à rebours, A-1 étant la dernière marche avant le trou noir. Ici on les appelle pudiquement les « désorientés ». Je passais mon chemin, ne m'arrêtant que pour parler avec les A-5, -6, -7… les dix pour cent à peine de résidants qui ont encore leur tête. Et moi, où en suis-je ?

Si je ne parlais pas aux A, eux m'abordaient parfois au détour d'un couloir :

– Je suis perdue. Je ne sais pas rentrer chez moi.

– Vous avez le numéro de votre appartement ?

– Non, je l'ai oublié.

À tout hasard je cherchais une étiquette sur le déambulateur, un médaillon autour du cou… Rien.

Ils errent dans les longs couloirs de la résidence, jour et nuit, à la recherche de leur niche introuvable.

Certains sonnent même à ma porte :

– Je vous apporte mon sac de linge sale. C'est bien ici ?

– Non. C'est en bas, à l'accueil. Tous les lundis matin avant 9 heures.

– Alors, j'y vais.

– Non. Nous sommes jeudi après-midi.

– Alors, qu'est-ce que je fais ?

Finalement j'ai mis au point ma stratégie d'évitement :

– Attendez, j'appelle à l'interphone l'hôtesse d'accueil pour qu'elle vienne vous chercher.

– Ah ! bon.

– Allô. Ici madame Ravenne. Il y a une dame perdue devant ma porte, au n° 235, voulez-vous venir la chercher ?

– Je n'ai pas le temps. Je vous envoie la stagiaire… dès que je la retrouve.

Et si personne ne se pointe, l'A continuera son errance dans les couloirs, sonnera à d'autres portes…

Les stagiaires qui se succèdent à longueur d'année, c'est la main-d'œuvre gratuite qui fait tous les boulots dont personne ne veut. En particulier, le ramassage des chiens perdus. Encore faut-il les identifier pour les ramener chez eux. Et les stagiaires qui ne restent que deux ou trois semaines à Ker-Eden ne les reconnaissent pas.

Quand je rencontre des A dans les couloirs, loin de mon interphone, j'opte pour une solution très lâche :

– Attendez ici. Ne bougez pas. Je vais prévenir en bas, au passage, que vous êtes à l'angle des bâtiments B et C, au deuxième étage devant la porte n° X. On viendra vous chercher.

Je signale, je poursuis ma route et je sors. Je suis pressée. Je n'ai pas le temps d'accompagner dans les couloirs quelqu'un qui marche à petits pas, avec canne, béquille ou déambulateur. Advienne que pourra.

J'ai un peu honte de ma lâcheté. De toute façon je ne peux assumer toute la misère du monde, ni même celle de Ker-Eden qui commence à me hanter jour et nuit.

Mais j'ai beau fuir, raser les murs, la misère est là et c'est elle qui me court après.

Un jour, je décide d'aller me faire faire une coupe de cheveux chez le coiffeur qui vient à Ker-Eden tous les vendredis matin de 9 heures à midi. D'habitude je vais plutôt en face, au centre commercial, où il y a un bon coiffeur. Mais j'ai envie de tester un de ces « Services » de Ker-Eden que la directrice me reproche de ne pas utiliser. Je m'inscris donc à l'accueil.

– Allez-y vers 11 heures, me conseille l'hôtesse. Tout le monde sera passé, ou presque. Vous n'aurez pas à attendre.

Je me présente vers 11 heures au premier étage, porte marquée « Infirmerie », fermée à clef en général puisqu'on ne soigne rien à Ker-Eden. Seulement si vous êtes par terre, dans les pommes, on appellera le SAMU… ou les pompes funèbres.

C'est le service minimal en vigueur dans les résidences non médicalisées où « autonomie » veut dire « abandon ».

Donc, j'entre pour la première fois dans cette infirmerie, où l'on n'« infirme » pas. À droite, un lit avec sac de couchage, surplombé d'un grand tableau de bord à clignotants, pour l'étudiant en médecine qui monte la garde la nuit. À gauche, une armoire fermée, marquée « Pharmacie ». Et au milieu, une jeune femme échevelée, au bord de la crise de nerfs, qui court du lavabo au séchoir. Je me présente.

– Ah ! vous parlez, vous. Quelle chance. Je suis la remplaçante. La coiffeuse est en vacances. Je n'arrive à rien avec elles !

Et elle me désigne du doigt deux mémés avachies sur des chaises percées, les seuls sièges dans cette pièce. La troisième est effondrée sous le séchoir.

– Aidez-moi à sortir celle-là du séchoir ! Elle ne veut pas bouger. Les autres, on devait venir les chercher. Mais on les a oubliées. Elles ne savent même pas leur nom. Comment voulez-vous que je fasse mes factures, moi ? Je dois laisser des fiches en bas, en partant.

Devant son désarroi, je me montre brave fille, moi qui ai la chance de savoir encore mon nom. Je l'aide à placer celle du séchoir sur le fauteuil, devant la glace, malgré sa résistance.

– Et elles ne savent même pas ce qu'elles veulent. À tout hasard, je fais une coupe courte, pratique. Vous ne pourriez pas me descendre ces deux-là, qui sont finies ? Au passage, demandez leur nom à l'hôtesse.

Toujours bonne pâte, j'accepte sa demande qui me semble raisonnable et j'entame une approche des deux mémés effondrées sur les chaises percées. Finalement je préfère marcher plutôt que de m'installer à mon tour, entre les deux, sur ce même perchoir qui me dégoûte un peu, même avec son couvercle.

Dès que je la touche, la première se rebelle :

– Non. Je suis bien ici.

La deuxième se laisse prendre le bras, toute molle. Elle mâchonne un chewing-gum imaginaire. Et voilà qu'elle se pend à mon cou. Je n'en demandais pas tant. J'aurais préféré bras dessus bras dessous. Alors la coiffeuse, énergique et pressée de se débarrasser de ses clientes, attrape la première à bras-le-corps et, d'autorité, me la pend au cou, de l'autre côté. Parfaite symétrie. J'ai l'air d'une potiche avec deux anses molles, mais lourdes, lourdes. Je vacille dans l'embrasure de la porte. De face, ça ne passe pas. J'essaie de nous mettre de profil. Elles grognent, affolées. La coiffeuse pousse pour se débarrasser de nous.

Et me voilà partie, brinquebalant avec mes deux balluchons grognons. Que les couloirs sont longs avant l'ascenseur. Et là, il me faut bien en poser une contre le mur pour appuyer sur le bouton d'appel. Elle en profite pour s'esquiver. L'autre a fait tomber sa béquille. C'est le parcours du combattant pour franchir tous les obstacles…

Si j'avais su !

Trop tard, ma fille. Il faut aller jusqu'au bout, jusqu'à l'accueil dans l'entrée. De loin, je l'aperçois. Vide. Où est encore passée l'hôtesse de garde ? Et la stagiaire ? Personne en vue. Heureusement, je vais passer par l'allée des morts vivants. Il y aura bien quelques fauteuils vacants pour déposer mes fardeaux. Coup de veine : Gros Roger est là, tout seul, à lire son journal, entouré de chaises vides.

Je m'approche pour larguer mes colis de viande. J'en ai marre. D'autant plus qu'elles ne sentent pas la rose mais la couche-culotte pleine. Les chaises percées ont un couvercle et il faut l'enlever pour se délester. Difficile au milieu d'un salon de coiffure.

Je vire à droite, vers les fauteuils de rotin de l'entrée.

Alors Roger se lève brusquement, comme un diable qui sort de sa boîte. Il vient vers moi, le poing en avant, me barre le passage :

– Ah ! non ! Les toc-toc c'est là-bas. De l'autre côté.

– Mais, c'est juste pour les poser, en attendant…

– Non ! Pas question.

Devant son air menaçant, j'obtempère, pas rassurée. Et si j'allais prendre un gnon, par-dessus le marché ?

Me voilà repartie avec mes deux balluchons. Finalement je les pose tout là-bas, dans le quartier des « toc-toc ». Ouf !

L'hôtesse revient. Je note les noms de mes « protégées » et je remonte au salon de coiffure. Demain, je réglerai mes comptes avec Roger. Non mais alors…

Pour qui se prend-il, le caïd qui fait la loi au rez-de-chaussée ?

Au premier, la dernière cliente a fini. Elle a décidé de partir toute seule. Où ? Personne n'en sait rien. Tant pis. Nous sommes au pays des « tant pis » !

Je m'y ferai peu à peu.

Peut-être va-t-elle faire une fugue si la porte de l'entrée n'est pas surveillée. On nous ramène sans cesse des A fugueuses qui se promènent dans le quartier, vont acheter des bouteilles d'apéritif au centre commercial ou prendre un bain de pieds dans les bassins. Puis, tout à coup, elles abordent un passant, ou les plantons du centre commercial :

– Je suis perdue…

La police, qui connaît bien les évadées de Ker-Eden, les ramène au bercail… jusqu'à la prochaine fugue.

Il est près de midi quand je remonte chez moi, bien coiffée, certes, mais de très mauvaise humeur. Je rumine :

– T'es vraiment trop conne. T'as qu'à pas te mêler d'aider les autres. Elle a raison Peau-de-Vache qui me répète : « De quoi j'me mêle ! » Ce n'est pas mon boulot de véhiculer les A avec leurs couches pleines et leurs têtes vides. Fallait pas…

Je n'ai pas faim. Je suis fatiguée. Au lieu de préparer mon déjeuner je vais m'allonger sur mon lit, juste un peu, le temps de retrouver mes esprits, car je tremble de la tête aux pieds.

Et tout à coup, la crise de nerfs. J'ai tenu le coup le temps nécessaire, et voilà que je craque maintenant.

Je pleure à gros bouillons. Sur quoi ? Pourquoi ? Les nerfs lâchent d'abord, sans préavis.

Épuisée après la crise, je m'endors. Heureusement ma nature fait bien les choses et me procure cet oubli réparateur dès que j'ai purgé l'abcès, au bistouri. Quelle heure est-il ? J'ai dormi très longtemps. Je me sens vidée, floue, comateuse. Vite, me resucrer. J'ai toujours tout ce qu'il faut dans ma table de nuit. Sucres rapides, sucres lents et le glucomètre pour mesurer les dégâts à toute heure du jour ou de la nuit. Pas besoin de me lever. En cas d'hypoglycémie, je risque de tomber, de faire un malaise

Allons, ce n'est pas encore cette fois-ci que tu passeras l'arme à gauche. La prochaine fois peut-être ? Et, après tout, quelle belle mort, propre et rapide. Le coma diabétique a lieu dans l'euphorie. On mélange de l'insuline au cocktail létal pour glisser tout gentiment dans l'autre monde. Je me ferai harakiri avec mon stylo à insuline le jour où je voudrai, mais pas encore aujourd'hui.

Regarde la vérité en face. Je suis plus fragile que je ne pensais. Les A, ça me sape le moral. Comment vais-je faire pour les ignorer ? Ou peut-être les apprivoiser. Par petites doses. Me mithridatiser. Comment avait-il fait, Mithridate ? Du coup je consulte mon Littré. C'est bien moi, ça, littéraire et bêcheuse même en plein marasme. Ah ! voilà : il prenait des décoctions de poison à petite dose tous les jours pour s'immuniser. Pasteur en a fait autant avec ses vaccins. Son obsession : guérir le choléra. En colère d'abord contre ses laborantins qui rataient sans cesse le bouillon de culture. Les poules cobayes restaient toutes guillerettes et ne voulaient pas attraper le choléra. Juste ciel ! quel malheur !

Mais le savant était doublé d'un humaniste. Une idée saugrenue, insensée, lui vient à la tête : et si l'humanité tout entière pouvait se dispenser de contracter le choléra, comme ses petites poulettes ?

Bel esprit de contradiction. Démarche antithétique de l'imagination, une chose et son contraire. Anticiper. Ne pas tomber malade. Un peu de poison chaque jour, à faible dose. Et le jour où se présente le gros danger : poison, virus, bactérie, épidémie... Il est inopérant.

Merci à Mithridate et à Pasteur. Désormais je décide de me vacciner peu à peu contre le poison de Ker-Eden, le désespoir, l'angoisse, le grand A qui pointe à l'horizon.

Mais d'abord régler mes comptes avec Roger, dès le lendemain matin.

– Vous n'avez pas honte de jouer les caïds et de décider où les gens ont le droit de poser leur derrière ou pas ?

– Ici, c'est comme ça. Je ne suis pas le seul. Côté droit de l'entrée : les toc-toc. Côté gauche : les pas toc-toc, ou pas encore. Demandez à mes voisines. Elles pensent comme moi.

Dame Léontine et ses copines confirment :

– Ah ! non ! Les toc-toc pas ici. On n'en veut pas... On ne peut pas les sentir (et de se pincer le nez).

Ce matin Marie-Lou est au poste de garde, l'aînée des hôtesses, ma préférée. Bien sûr, je l'appelle par son nom de famille, comme tout le monde. Mais un jour, j'ai entendu une de ses collègues l'appeler par son prénom. Marie-Lou ; c'est joli, chantant.

Je m'arrête au passage, lui conte ma mésaventure d'hier. Il n'y a personne d'autre à l'accueil pour nous entendre :

– Madame Ravenne, faut pas…

Toujours le même discours, mais dit gentiment. Donc, dans la foulée, je persiste :

– Et les couches-culottes, finalement, qui les change ?

– Madame Ravenne, je vous ai déjà dit qu'ici on ne pose pas de questions. De toute façon, nous n'avons pas la permission de répondre à vos curiosités.

– Comment ça ? Mais je vis ici. Je voudrais bien comprendre où commencent et où finissent les « Services » qui me coûtent si cher, même si je ne les consomme pas.

Elle se penche vers moi et, sur un ton confidentiel :

– C'était quoi déjà votre question ?

– Qui change les couches-culottes pleines ?

– Euh !… les infirmières privées, celles qui viennent de l'extérieur, que vous voyez courir dans les couloirs. C'est aux familles ou aux résidants de s'organiser avec elles. Nous, nous donnons juste les adresses de quelques cabinets infirmiers du quartier.

– Mais elles ne passent que matin et soir, en courant, pour la toilette, les pansements, les piqûres…

– Et alors ?

– Les couches-culottes, ça se remplit à n'importe quelle heure. Vous voulez dire qu'il faut attendre jusqu'au soir… Vous, l'infirmière de jour, la seule permanente, vous n'intervenez jamais ?

– Vous savez bien que nous ne sommes que trois permanentes à la fois ici : la directrice, la comptable, et moi (ou une de mes deux collègues). Comment voulez-vous, dans une résidence non médicalisée, qu'on s'occupe de ces choses-là pour une centaine de résidants, supposés être « autonomes » ? C'est écrit sur leur contrat : « autonomes ».

– Et s'ils trichent ? Si leur famille triche ? S'ils ne le sont pas ou plus…

– Tant pis pour eux.

Cette politique de l'autruche, ce refus de tenir compte des réalités, cela me met en rage. J'insiste :

– Pourtant je vous ai déjà vue passer à fond de train en poussant une mémé chargée de force sur un fauteuil roulant, le déambulateur sur la tête, encagée comme un lion… Pour aller où ? La changer chez elle ?

– Non, la rapatrier, c'est tout, quand elle s'est oubliée au milieu du restaurant.

– Et les grosses taches sur les fauteuils et les moquettes ?

– En principe, c'est la société de nettoyage que nous employons… mais je reconnais, mes collègues et moi, en urgence, mettons souvent la main à… à… à…

Je sais ce qu'elle pense : « à la merde ». Un reste de bonne éducation m'arrête. Je ne finis pas sa phrase.

Je suis consternée. L'important à Ker-Eden, c'est d'occulter les problèmes, jamais de les résoudre. En apparence « luxe, calme et volupté ». Sous l'apparence, des mémés reléguées dans leur antre, des journées entières à marcher dans leurs excréments.

Plusieurs fois déjà, à Biarritz, aux réunions de l'Association pour le droit de mourir dans la dignité (ADMD), de nouveaux venus nous avaient expliqué pourquoi ils étaient venus s'inscrire.

– Ma vieille Maman était dans une maison de retraite, pourtant bien cotée, de la région. Quand nous allions la voir parfois le dimanche, elle était propre, habillée, installée dans la salle à vivre, devant un jeu de dominos. Et puis un jour, passant dans la région, en semaine, je lui ai rendu visite inopinément. Alors là !...

Et c'est toujours le même refrain. En semaine, la mémé enfermée dans sa chambre, pas lavée, pas changée, pleurant doucement dans son lit. Plus ou moins droguée, abrutie... sauf le dimanche.

Et toujours la même conclusion :

– Pas de ça pour moi ! Jusque-là je réprouvais l'euthanasie. Maintenant je suis pour. Qu'est-ce que vous pouvez faire pour ma mère... pour moi... ?

Toujours la même urgence : « Aidez-moi tout de suite. »

En venant à Ker-Eden, j'ai cru couper à ces fins de vie miséreuses. Une résidence privée, haut de gamme. Pensez donc. En fait le bling-bling ne sert qu'à camoufler les réalités sordides, toujours les mêmes : celles de l'abandon des vieux.

Un jour Ardisson a déclaré à la télé : « Moi, quand je me chierai dessus et me pisserai dessus... Basta ! J'en finirai avec la vie. » Il ne mâche pas ses mots, lui. Pas de langue de bois, pas de politiquement correct. Alors, pourquoi moi... ?

Et le docteur Jean Maisondieu ? Il se gêne, lui, peut-être, pour l'écrire ? Tout un chapitre dans son livre *Le Crépuscule de la raison* est consacré aux fonds de culottes. Pardon, lui, il est psychiatre des hôpitaux, un grand professeur, et il y met la forme. Il parle des « excréments ». Il prend des gants mais sa théorie est limpide et violente. La société « emmerde » les vieux en les enfermant dans des « gagatoriums » (le terme est de lui), alors les vieux lui rendent la pareille : ils « emmerdent » la société (au sens propre... ou sale du mot) pour se venger.

On a beau essayer de « résigner » les vieux d'autorité à coups de piqûres et de calmants, ils ne sont pas d'accord et le proclament à leur façon : Vous me faites chier, je vous fais chier.

Peut-être devrais-je arrêter là ma démonstration. Soyons réalistes. Abandon, enfermement, déchéance physique, c'est le quotidien des seniors.

À la télévision on voit ces publicités stupides et mensongères, avec de jeunes-vieilles dames en pantalon blanc qui se roulent dans l'herbe avec leurs petits-enfants, ou dévalent les pistes de ski en godillant grâce à la protection T..., invisible et si confortable. Un vrai plaisir. On oublie l'essentiel : même les protections T... sont plus souvent pleines que vides, lourdes que légères, puantes qu'embaumées à la rose. La madeleine de Proust a son revers. Tous les souvenirs olfactifs ne sont pas charmants. L'autre parfum, celui des choses de la vie, émouvant chez les bébés, est tenace, prégnant, écœurant dans les mouroirs.

Non, les grand-mères ne sentent pas toujours la violette, la poudre de riz, le thé au jasmin, les herbes séchées dans un vieil album de photos. Foutaises ! Bobards ! Et c'est dans les résidences les plus bling-bling que les chambres privées sentent le plus mauvais, celles où l'on met des fleurs au salon.

Entre-temps je suis entrée au CCQ (conseil consultatif de quartier). J'essaie de porter le problème de la maltraitance des vieux à l'attention de la commission sociale (cadre de vie, intergénérations...).

Peine perdue. Les élus « consultent » beaucoup, mais écoutent peu.

Quand j'engueule à ce sujet le maire du quartier, il minimise toujours la chose. J'ai beau pétarder, refuser de lui faire la bise... Il ratisse large. Il embrasse et tutoie ses quatre-vingt-douze conseils de quartier (dont je suis), mais il embrasse aussi Mme la directrice en veux-tu en voilà. Ils s'invitent mutuellement à toutes les fêtes, tous les cocktails, posent joue contre joue devant les photographes pour la presse locale. Quel beau couple !

5

Les naufragés de la vie

Le vieux renonce à sa conscience pour s'épargner le désespoir, la désespérance de l'exclu, voué à la mort. « État calamiteux », selon le docteur Maisondieu, dont la société est « seule responsable ».

Peut-on en guérir ? Pourquoi pas ? Mais il faudrait recréer « des conditions de vie alléchantes », pour renouer avec « l'envie de penser, [...] cesser de dériver, [...] s'accrocher aux mains tendues »... Ah ! les « conditions de vie alléchantes » de Ker-Eden, les « mains tendues ». Ici, pas même une oreille, un sourire, une présence. Le grand vide : le grand bide.

Oui, d'après Maisondieu, ce sont les « inclus » qui installent les « exclus » dans des gagatoriums parce que cela les « traumatise » de « regarder ces naufragés ».

Oui, de Gaulle avait raison. La vieillesse est bien « un naufrage », le « naufrage sénile », la « tempête existentielle ». Pour qu'il y ait naufrage, il faut deux conditions : « la force de la tempête » (la société cruelle) et « la fragilité de l'embarcation » (le vieillard sans protection).

Non, « l'épidémie de démences » n'est pas une fatalité, ni une maladie virale, ni ce que certains médecins et les laboratoires pharmaceutiques essaient de nous faire gober.

Oui, il faut « interpeller vigoureusement la société », « dénoncer le battage » autour d'Alzheimer. Le docteur Maisondieu s'y emploie. Moi aussi, plus modestement. Mais ne serions-nous que deux à le faire, parmi tous ces « complaisants », toutes ces autruches ? Trois, peut-être, avec Benoîte Groult, qui dans son livre *La Touche étoile* dénonce les mêmes abus : « La vieillesse est un délit », « On est coupable d'être vieux ».

C'est la « conscience de la déchéance qui mène à la désespérance », poursuit Maisondieu. Alors ne pensons plus. Ne nous regardons même plus.

Oui aussi à l'Organisation mondiale de la santé qui a déclaré dès 1978 : « La santé est un état de bien-être physique, mental et social. »

Alors pourquoi est-ce que j'éprouve un tel mal-être à Ker-Eden, le « Paradis » des seniors ? Une déprime permanente. Une envie d'en finir avec « cette garce de vie ». Je ne dors plus. Je pleure sans cesse. Je pique des crises de nerfs à tout bout de champ. En six mois à Ker-Eden, j'ai vieilli de quatre ou cinq ans.

Oui, je suis « l'individu affolé » que vous décrivez si bien, docteur Maisondieu ; j'en fais moi-même le « diagnostic calamiteux », et je constate « l'émergence des troubles intellectuels » (pertes de mémoire, d'attention, de concentration) sans avoir besoin de passer par tous les tests si largement prodigués. Constater les dégâts, ce n'est pas les guérir, et encore moins les éviter.

Non, je n'accepte pas (pas encore) la « prohibition de la pensée » que l'on impose aux seniors. Je veux penser et gare à ceux qui essaient de penser pour moi.

Avec quelques conseils de quartier, intéressés par l'« intergénérations », un concept à la mode, je participe aux travaux de l'association Voisin'Age, patronnée par la ville. Mais je m'insurge sans cesse contre l'inutilité de toutes ces commissions, ces études, ces réunions, ces « grand-messes » avec les élus, tous ces rituels qui consistent à noyer le poisson et à ne jamais passer au stade « action », le seul qui m'intéresse. J'en ai assez du style consultatif imposé, qui ressemble surtout à du paternalisme attardé.

Tous ces petits monarques de droit divin, les élus locaux, qui parlent de « participation » avec des boules Quies dans les oreilles.

Oui, docteur, je hurle avec vous contre « l'inhibition de la conscience des seniors », contre « la traque » qui leur est imposée. Contre tous les mensonges des médecins, des lobbies pharmaceutiques, de tous ceux qui se piquent d'humanisme, qui osent « nier la mortalité naturelle de l'homme en la médicalisant ». Aujourd'hui « on ne meurt plus… on est tué par une maladie ». D'accord avec vous. Il s'agit d'une « magnifique entourloupe » !

Non, la vie n'est pas une maladie. « L'existence humaine, c'est l'art difficile de vivre une vie de mortel… sans en faire une maladie ! » Et ce ballet continu d'ambulances devant l'entrée de Ker-Eden, qui vont déverser les vieux dans les hôpitaux, dans les centres psychiatriques dès qu'ils font une fugue ou se saoulent par désespoir ? J'oubliais les anorexies, les grèves de la faim…

Oui, les A « défèquent sans vergogne », pour attirer l'attention sur eux. On les installe dans des « pourrissoirs », des « services-poubelle » dans les hôpitaux… mais aussi dans les résidences très bling-bling en apparence. Le « poids des excréments » est le même partout : phénoménal.

Oui, les « images identificatoires, tragiques, insécurisantes » font des dégâts. Je n'ai toujours pas effacé de mes cauchemars ce contact physique, puant et putride, avec les A, chez le coiffeur de Ker-Eden.

Un vieux bien conservé (moi) vit avec effroi son admission dans un service qui lui renvoie l'image de l'« *ALTER EGO* ». Cet autre moi-même – moi demain. Moi après-demain. Cette image dévalorisante me poursuit depuis que je suis à la résidence Ker-Eden. Cette image d'un « objet » que l'on bouscule, insulte, méprise, contredit, minimise, trimballe à droite à gauche… Alors que moi, je me prends encore pour un « sujet ». « Je pense, donc je suis », m'a-t-on appris à l'école.

Non à l'« exclusion » (« Taisez-vous et mangez des gâteaux ! »), non à la schizophrénie. Quand je pense « non », je dis « non ».

Ici même, dans la région, il y a un centre psychiatrique réputé pour ses méthodes d'avant-garde. Jean-Marie, un des infirmiers, fréquente le Troc-Savoirs du centre social où je vais. J'en discute souvent avec lui :

– Dans mon mouroir de Ker-Eden, le « docteur Pique-Pique » assagit les insoumis, les râleurs, à coups de piqûres et calmants, contre leur gré, et sans l'autorisation des familles. Plusieurs lui ont retiré le suivi de leur aïeul(e) pour le confier à un autre médecin moins destructeur. Quand je râle à l'accueil et qu'il s'approche pour m'intimer l'ordre de me calmer, je lui demande : « De quoi j'me mêle ? »

– Méfie-toi, me conseille Jean-Marie. C'est vite fait de faire passer un « indigné » pour un dément, surtout chez les vieux. Ou alors pète les plombs pour de bon et on t'enverra chez nous te faire « assagir ».

– Et comment t'y prendras-tu pour m'« assagir » ?

– Je viens de te l'expliquer. Liberté totale, sauf violence sur les autres ou sur soi-même.

– Et toi, qu'est-ce que tu fais ?

– Je suis le mouvement. Si un pensionnaire a envie de danser au milieu de la nuit… je danse avec lui.

– Même si c'est un homme ?

– Même si… C'est pour réapprendre le droit à la liberté.

Jean-Marie ne cesse de m'étonner. Quand il ne danse pas avec les fous, de jour ou de nuit, il enseigne la guitare aux jeunes à Troc-Savoirs, bénévolement. C'est un pacifique. Il construit lui-même ses guitares de récupération, surtout avec des bois flottés, des épaves de bateaux, ramassées dans la

« baie des naufragés ». Drôles de guitares aux formes incongrues, mais dont il tire des accents très émouvants. Et puis, finalement, il donne ses guitares aux jeunes. Alors il en construit d'autres.

– Ce que d'autres cassent, je le répare, conclut-il. Les hommes comme les guitares.

Peut-être finirai-je un jour dans son atelier de « récup' ». S'il n'est pas trop tard.

Trop tard par exemple comme pour l'homme qui s'est tué une nuit en se jetant dans l'escalier de secours. Ici, les hommes tombent comme des mouches. Ils sont à peine une dizaine de survivants pour près de quatre-vingt-dix femelles. Celui-là n'était pas très vieux. Trouvé le matin, dans cet escalier, par une infirmière. Le crâne fracturé par la chute. « Désorienté », a-t-on dit officiellement à la famille, « somnambule » peut-être. On a beau essayer de cacher les morts, la nouvelle circule vite. De bouche à oreille on a murmuré « dépressif », « volontairement tombé », « suicidé » ?

Que de suicides non déclarés, ni aux familles, ni aux statistiques, toujours mensongères en la matière ! Les suicides des seniors connaissent une croissance exponentielle en France, malgré les interdictions et les tricheries. Ce qui compte, chez nous, c'est la longévité, la quantité de vie imposée, pas la qualité d'une vie plus courte et plus réjouissante.

Ah ! la « belle mort » de nos aïeux ! Autrefois on mourait « de sa belle mort ». Ma grand-mère est décédée à soixante-douze ans, au premier infarctus. Fini la « garce de vie » des grands vieillards. Vive la

« belle mort » ! La veille de son départ, elle faisait encore des confitures et jouait du piano à quatre mains avec le juge de paix, son voisin.

Et Dame Marie-Charlotte, une autre de mes protégées, que faire pour l'aider à tenir le coup dans la tempête « existentielle » qui souffle sur Ker-Eden ? L'œil noir, encore belle, vieille coquette avec ses corsages brodés et ses perlouses, un peu snob (« mon mari, le sous-préfet »... « ma famille, de grands restaurateurs »...).

Elle a su que je recensais les plafonds moisis dans les appartements, appareil photo à la main, pour faire honte aux propriétaires-bailleurs qui continuent à culpabiliser leur locataire en leur assenant qu'ils n'aèrent pas assez.

Mon œil ! Il se trouve que c'est le bâtiment B le plus touché, et en haut du troisième étage. Un jour, Dame Marie-Charlotte, qui y vit, m'arrête :

– Il paraît que vous venez voir les plafonds moisis. Le mien...

Bon prétexte, les plafonds. On m'invite de plus en plus souvent à « passer voir ». Puis devant une tasse de tisane, on se met à pleurer. Dame Marie-Charlotte renifle :

– Mes enfants me détestent parce que je leur coûte trop cher. J'avais un petit patrimoine. Quelques années à Ker-Eden l'ont vidé. Maintenant, mes enfants me détestent et je me déteste aussi de leur coûter si cher. J'attends la mort avec impatience...

Alors moi aussi je verse des larmes dans mon bol de tisane. Comment aider les autres quand on ne sait même pas s'aider soi-même ?

Quelques jours plus tard, Dame Marie-Charlotte, assise en bas dans le couloir des morts vivants, m'arrête au passage :

– Vous savez ce qu'ils ont fait, mes enfants ? Ils m'ont coupé le téléphone, définitivement. Je leur coûtais trop cher. Bien sûr, j'appelais souvent aux États-Unis et au Japon. Est-ce ma faute si j'ai des enfants à l'étranger ? Des *globe-trotters*. Mes petits-enfants, j'ai bien le droit de prendre de leurs nouvelles, non ?

Quelques mois plus tard, ne voyant plus Dame Marie-Charlotte en bas, à l'entrée du restaurant, je prends de ses nouvelles auprès de Roger :

– Elle est partie, me répond-il.

Finalement ses enfants l'ont mise ailleurs. Elle était sur liste d'attente depuis longtemps. Ici, quand les gens disparaissent, on ne sait jamais où ils sont passés. Morts ? Malades, à l'hôpital ? En maison de cure, pour alcoolisme ou dépression ? Ou tout bonnement grabataires et enfermés dans leur chambre ?

Beaucoup de résidants, sans enfants, ou volontairement, sont sous tutelle ou curatelle, livrés à des professionnels à poigne et pas toujours très honnêtes.

La télévision nous montre souvent des documentaires alarmants sur ces « grandes entourloupes », comme dit Maisondieu. La douce Angeline me confirme cette situation :

– Cela me coûte si cher, se plaint-elle. Que fera-t-on de moi, quand je n'aurai plus un sou ? Il n'y a plus d'hospices. Alors quoi ? Sous la tente, avec les SDF ?

Un jour elle a disparu, sans dire au revoir à personne. Sous une tente ou dans un autre mouroir ?

S'il y a tant de naufragés de la vie, c'est qu'il y a aussi beaucoup de « naufrageurs », ces corsaires, couteau entre les dents, qui pillent les navires en détresse. Tous ces charognards que, dans mes contes animaliers, je baptise les « zopilotes ».

Les zopilotes, ce sont ces grands rapaces noirs qui déchirent les entrailles des vaches mortes dans les déserts du Mexique. Dans les années 1950, quand j'habitais en Californie, enseignante à l'université Stanford, nous partions souvent passer nos vacances au Mexique, mon mari et moi. Non pas en avion, comme les « *gringos* » américains, mais avec notre vieille Chevrolet, en empruntant la route des conquistadors, entre les deux sierras. Des déserts à l'infini, peu de villages ; une seule route nord-sud, jonchée de cadavres de vaches. On les voyait de loin sur la route, grouillant de zopilotes noirs qui les dévoraient. J'en avais très peur. Quand nous nous arrêtions pour manger notre sandwich à l'ombre maigre d'un cactus géant ou d'un arbre de Josué, j'enfonçais mon grand chapeau de paille sur ma tête pour me protéger de leur attaque en piqué. Si les chapeaux mexicains sont plâtrés et rigides, c'est, dit-on, pour que les zopilotes fassent « toc toc » avant d'entrer… dans le crâne. Pourquoi attendre la mort de la bête ? La cervelle, ça se déguste chaud.

À Ker-Eden, j'ai la même sensation. Tous ces zopilotes qui guettent la moindre occasion pour nous dépecer encore vivants, tout frémissants, la peau encore tiède, le sang pauvre mais coulant encore dans nos veines variqueuses.

La vieille volaille plumée a beau piailler son désespoir, sa « terreur existentielle » dans tous les mouroirs de France, les zopilotes planent, les belettes et autres carnassiers guettent au détour d'un buisson. Et les copros de Ker-Eden, concierges du poulailler, somnolents et repus, tiennent les portes grandes ouvertes à tous les prédateurs. Complices ou hommes de paille ? La politique de l'autruche conforte les bonnes consciences : Eden-Poulailler, le paradis des vieilles poules aux œufs d'or. La nuit, je rumine sans fin ces contes drolatiques qui finissent toujours mal.

Le jour, je contemple ces vieilles poules exsangues, ces coqs déplumés. Non, je refuse encore de m'identifier à eux. Je songe de plus en plus à m'enfuir de Ker-Eden. Tout problème a des solutions multiples. Je ne vois que trois issues possibles. Je les note, noir sur blanc : la fuite, la résignation, la mort.

La première, qui me semble la meilleure, est aussi la plus difficile. Je viens d'acheter ces deux appartements et le second est loué depuis peu. Revendre, encore. Racheter encore… Je suis vieille. Je voudrais tant me poser quelque part et n'en plus bouger.

La deuxième, la résignation, me met en fureur.

La troisième, me faire hara-kiri avec mon stylo à insuline, me paraît de plus en plus séduisante. Depuis quinze ans que je milite à l'ADMD, je caresse ce projet avec convoitise. Une fin de vie toute douce, où je veux, quand je veux. Mais le moment est-il venu ? Mon « testament de vie » est écrit, scellé, rangé dans un dossier. C'est ma sortie de secours.

Je suis une vieille dame indigne qui voudrais décrire toute la misère du monde dans son gagatorium, mais qui s'étrangle sans cesse, en avalant son dentier. À ce propos, Dame Géraldine s'est étranglée pour de bon en avalant son râtelier, pendant la nuit. La famille menace de porter plainte contre son infirmière. En fait, la vieille dame ne décolérait jamais, furieuse de se trouver dans un fauteuil roulant, qu'elle poussait rageusement le long des couloirs.

« Aidez-moi », lançait-elle à tous les passants dans les coursives. La petite côte, devant les boîtes aux lettres, lui était difficile. Bien des fois, je lui ai obéi. J'ai poussé sans rien dire. Et puis j'ai essayé de lui parler, prudemment. Elle n'avait aucune amie. Peau-de-Vache la bousculait sans jamais l'aider. « Elle en demande trop », disait-elle pour se justifier.

Géraldine passait rarement le seuil de la résidence. Cependant, un matin, je la vois en train d'essayer d'escalader les marches de l'autocar garé devant la résidence. Le chauffeur, en avance, fumait une cigarette un peu plus loin en faisant les cent pas dans le parking. Il y avait sortie déjeuner ce jour-là dans quelque auberge bretonne. Une fois par mois, la directrice met au programme un gueuleton de fruits de mer dans un restaurant hors de prix (30 à 40 euros par tête). Très facile de convaincre une vingtaine de résidants – les plus soumis – d'y participer.

– Je vous inscris, madame X. Il y aura des langoustines à volonté, du bon vin, le chariot de desserts, on longera la côte, les plus belles plages…

Personne ne songeait à demander le prix (sauf moi, toujours inquisitrice). Au diable l'avarice. La famille paiera. Il faut bien promener, régaler, saouler les petites grand-mères de temps en temps, n'est-ce pas ?

Alors vers 11 h 30, on embarquait cannes, béquilles, et déambulateurs… Pas les fauteuils roulants, en général. Sauf Mme X, une fois, impotente depuis peu et si légère, hissée à bord par le chauffeur aux gros bras, le chariot plié dans la soute à bagages. Cela s'est su. Dès lors Géraldine a réclamé son dû :

– Je veux participer à une sortie.

– Non, vous n'irez pas, parce que vous, vous n'êtes pas sage. Vous protestez trop souvent, arguait la directrice.

Aujourd'hui, passant outre les interdits, lâchant son fauteuil roulant, Géraldine essaie de se hisser dans le bus à la force des bras.

Je la rattrape au vol.

– Hep, hep, hep ! vous allez vous casser la figure…

– Tant pis. J'ai droit…

J'appelle le chauffeur à la rescousse. Nous la décrochons de force de la poignée du bus, pour la faire rouler vers l'entrée de la résidence, malgré ses protestations.

Dès son arrivée dans le couloir des morts vivants, elle prend un savon de la part de la Matonne-en-Chef. Peau-de-Vache, la matonne en second, renchérit. J'ai honte pour elles. Accabler ainsi une épave, en fauteuil roulant, qui voulait juste se faire la malle pour quelques heures.

Le jour où j'apprends sa mort, par mon infirmière qui l'a trouvée le matin, étranglée dans son lit, son dentier enfoncé dans la trachée-artère, j'ai conclu : cette fois, elle a réussi son coup. Elle s'est fait la belle pour de bon. Tant mieux pour elle. C'est ce qui pouvait lui arriver de meilleur.

J'ai tenté d'avaler ma propre « prothèse mobile » pour voir. Impossible, elle est trop encombrante avec la plaque de métal qui soutient le palais. Ou alors il faudrait pousser très fort pour l'enfoncer dans le gosier.

C'est ce que tout le monde dit – sous cape – dans l'allée des derniers survivants.

– Elle a dû pousser très fort… Ou alors être très, très en colère, comme d'habitude.

Les vieux retombent en enfance. On le leur dit chaque jour. Eux aussi s'embourbent dans leurs propos baveux. Pour dialoguer, il faut entrer dans leur monde fantastique, hallucinatoire. Et après tout, cette expérience de plongée dans leur vécu, qui est très loin du mien, ne me déplaît pas vraiment. Enseigner l'empathie, le dialogue, l'entretien non directif, ce fut mon métier de spécialiste en communication. Ici, j'entre dans un monde inconnu, celui des A. En bonne journaliste, je m'immerge volontairement dans leur univers, l'« antichambre de la mort ».

J'espère simplement que je ne présume pas trop de mes forces et de mes talents.

6

Relooking

L'année 2007 s'achève dans la morosité. J'ai passé Noël en famille, avec mes petits-enfants, mais le jour de l'an, ils sont tous à Paris chez des amis. Que faire pour le réveillon ? Premier jour de l'an solitaire. À Biarritz j'avais des amis. Pas ici.

Seule et triste, je m'inscris au réveillon de la résidence. Cela fera plaisir à la directrice. Au programme : repas à 18 h 30 (au lieu de 18 heures d'habitude). Buffet en *self-service*. Deux étudiants pour encadrer la soirée. La Patronne, la comptable et les trois hôtesses d'accueil ont pris leur journée, voire leur semaine, de vacances.

Je descends vers 18 h 15. Pas un bruit. Pas même un peu de musique en fond sonore pour booster l'ambiance. Les serveuses et les deux étudiants de garde poussent silencieusement quelques fauteuils sur l'épaisse moquette. Les tables ont été mises bout à bout. On nous place à mesure, sans même nous demander notre avis. Pas de chance, mes voisins de table me sont inconnus, peut-être des nouveaux venus, et pas très « alléchants » côté conversation. Tant pis. Je boirai le calice jusqu'à la lie, au moins par devoir, puisque j'ai entrepris de rénover Ker-Eden.

Ici, les places au restaurant sont fixées d'autorité par Mme Cloarec, qui bouche les trous des absents (morts ou partis) et place ses pions selon son bon plaisir.

Un jour, à midi, j'ai vu un petit monsieur en colère sortir du restaurant en parlant tout fort :

– On ne m'a même pas demandé mon avis. J'étais bien à cette table. Je m'y étais fait des amis, à la longue. Le déjeuner, c'est le seul moment de la journée où je parle avec des gens. Et me voilà à l'autre bout du restaurant avec des inconnus, pas très sympas.

– Vous n'allez tout de même pas sauter le repas ? lui demandai-je à tout hasard.

– Si. Ça m'a coupé l'appétit. Je remonte chez moi. Je n'aime pas être traité comme un pion, ou pire, comme du bétail.

Ce soir de réveillon, c'est moi qui suis poussée à une place vide. J'aurais préféré m'asseoir près de mes copines, les « petites résistantes » de Ker-Eden.

Tant pis. Je me rattraperai sur le buffet froid, copieux et joliment décoré. Charcuterie, langoustines, saumon et de grands plats de salades diverses. Quand le « top » est donné, la première table doit se lever d'abord. Les autres attendront leur tour. Surtout pas d'embouteillage. Les serveuses et les deux étudiants s'empressent d'aller garnir les assiettes des impotents.

Je mange en silence, de mauvaise humeur. J'ai bien l'intention de m'éclipser avant le dessert, auquel, comme diabétique, je n'ai pas droit. Et j'ai horreur de voir les gens se pourlécher les babines de douceurs auxquelles je n'ai plus accès.

Déjà les infirmières externes piaffent dans l'entrée. Elles attendent leurs patients pour aller les coucher, faire leur toilette du soir et les culotter pour la nuit. De toute façon, nous avons été prévenus. À 20 heures, fermeture du restaurant. Tout le monde au lit. Le personnel est pressé de réveillonner.

J'interpelle Solenn, la jolie étudiante en médecine qui, outre les gardes de nuit, fait beaucoup de remplacements de jour, été comme hiver, quand les permanentes sont en vacances.

– Vous êtes bien belle, Solenn, ce soir…

Grande, mince dans son fourreau noir très décolleté, elle court sur des talons aiguilles. Un bijou brille au creux de son chignon échafaudé comme une pièce montée.

– C'est que je vais à un réveillon chez des amis directement après. Pas le temps d'aller me changer. Mon fiancé m'attend déjà dans le hall.

– Et qui va monter la garde cette nuit, border les pompettes dans leur lit, soigner les crises de foie, les abus de mayonnaise et de gâteaux à la crème ?

– C'est Ronan qui passe la nuit ici.

Ronan, le Breton timide qui étudie ses livres de médecine, le soir à l'accueil.

Parfois quand je rentre un peu tard, pour cause de réunion au-dehors, je m'arrête pour bavarder avec lui. Il est plus facile, ici, d'engager la conversation avec les jeunes médecins en herbe qu'avec les hôtesses d'accueil, muselées en permanence.

Soirée télévision pour moi, et le lendemain, jour de l'an, je ne descends même pas présenter mes bons vœux aux riverains de l'allée des morts vivants. Cependant j'aurai des nouvelles plus tard, par Roger :

– Les lendemains de fête, tout le monde cuve ses cuites et ses indigestions dans son lit… Sauf la Patronne qui en profite pour faire une visite discrète vers 11 heures, en longeant les murs. Mais moi je suis là, comme d'habitude, et je la regarde repartir, les bras chargés de grands sacs. Elle vient des cuisines où elle a rempli ses « *doggy bags* ». De quoi nourrir toute sa famille, ses amis et ses voisins pour le déjeuner du 1er de l'an.

Nous voilà donc en 2008 et j'ai pris de bonnes résolutions pour cette nouvelle année.

Une quatrième issue est apparue à mon problème existentiel. Plus constructive, plus ambitieuse aussi : j'ai décidé de relooker Eden-Poulailler… et de me relooker moi-même au passage pour bien commencer l'année.

Je vais tenter une nouvelle expérience, à tout hasard : remonter la pente, me positionner comme la « femme forte » que je prétends être. Fini la victime. Et tant pis pour ceux et celles qui ne sont pas d'accord.

À mon arrivée à Ker-Eden, j'ai d'abord tenté des relations égalitaires, d'adulte à adulte, ma position préférée, ma priorité. Négocier ma place au soleil. Mais ici, impossible. Marche à l'ombre, comme tout le monde. Tu es vieille, donc débile, et traitée comme telle. Depuis six mois, je rue dans les brancards. La position de l'« enfant » résigné et soumis n'est pas du tout ma tasse de thé.

Reste la troisième position, dominante, celle du « parent », du « patron », du « prof », de tous ceux qui exercent un pouvoir et « tapent du poing » sur la table pour se faire obéir. En étymologie, les mots commençant par *p*, lettre « explosive », sont souvent des symboles du pouvoir. Mais une résidante en position de pouvoir cela ne s'est jamais vu à Eden-Poulailler. Il va falloir que je me glisse dans un déguisement, une « Peau d'âne » incongrue pour camoufler mes intentions. J'y suis prête, bien que le camouflage ne soit pas mon fort.

Quand on est coincé dans une position de vie qui ne vous convient pas, pour en sortir, il est bon de surprendre l'adversaire, lui-même figé dans son bastion (le Pouvoir), en le bombardant de réactions imprévues et surtout tous azimuts. Comme tout être humain, j'ai droit à mes trois « Positions du Moi » (Parent/Adulte/Enfant), et ce quel que soit mon âge.

Je n'aime pas prendre le pouvoir, *a priori.* Mais j'adore qu'on me délègue des pouvoirs, qu'on me fasse confiance et qu'on me reconnaisse une certaine expertise dans quelques domaines.

Bernard Seigner, le président du conseil d'administration, ne m'a-t-il pas dit, récemment, dans un couloir, après l'AG :

– Je vous délègue les pleins pouvoirs pour relancer les activités défaillantes et remettre en état le premier étage abandonné.

Pourquoi ne pas prendre un pouvoir délégué si sincèrement ? Il ne me reste plus qu'à concocter mon plan d'action, systématiquement, le stylo à la main.

QQOQCC : Qui ? fait Quoi ? Où ? Quand ? Comment ? Et Combien ça coûte ? Les savoir-faire de mon passé sont définitivement ancrés dans ma logique vitale.

Qui ? Moi, bien sûr. Ai-je des chances de trouver des alliés ? Pas sûr. Ma fille ? Trop occupée. Sitting Bull, le président du conseil d'administration ? Sympathisant, à la rigueur, mais peu engagé. Non, finalement, je ne peux compter que sur moi-même, et la tâche est si lourde.

Quoi ? Deux missions précises m'ont été confiées au départ : relancer les activités et repenser les locaux.

J'en profite pour élargir un peu la seconde mission : relooker Eden-Poulailler de fond en comble pour retrouver le Paradis perdu de nos aïeux.

Patiemment, je vais lister par le détail toutes les actions à entreprendre et pointer à mesure.

Où ? À Ker-Eden, d'abord. Mais je vise toujours large, loin… C'est tout le marché du troisième âge qui m'inquiète. Marché juteux, mais marché captif.

Quand ? Dès maintenant, janvier 2008. Je ne serai élue membre du conseil syndical des copropriétaires qu'à l'AG d'avril, et au conseil d'administration des Usagers en mai. À l'unanimité. Mais je détiens déjà deux missions, alors je démarre.

Bricoleuse de nature, j'ai toujours aimé la déco. Dans tous mes appartements, je n'ai jamais hésité à peindre murs et plafonds, à poser des papiers peints, coudre des rideaux ou des housses de couettes, repeindre des meubles, restaurer des tableaux de famille, faire des encadrements…

Avec l'âge, je fais plus souvent appel à de petits artisans. Dès mon arrivée à Ker-Eden, j'ai relooké mon propre T3, très ringard avec ses papiers à fleurs, sa baignoire trop haute. Quant aux couleurs, je n'ai pas hésité. Pour vaincre la morosité du ciel breton si gris, j'ai choisi d'emblée des couleurs chaudes et fruitées : pêche pour ma chambre, fraise écrasée pour la deuxième chambre, destinée à mes petits-enfants (de temps en temps), banane pour le séjour et marron glacé rayé pour la cuisine.

Restait la salle de bains, minuscule, avec sa baignoire impraticable, son ballon d'eau chaude de vingt ans…

Dès Noël 2007, tout était fini… sauf la salle de bains. La disposition de l'appartement était peu cohérente : 11 m^2 de couloir pour 63 m^2. Des WC séparés, aussi grands que la salle de bains. Alors j'ai décidé d'abattre plusieurs cloisons et de faire une belle salle de bains en lui annexant les WC et un tiers du couloir. J'ai choisi moi-même douche multi-jet, carrelages de sol et muraux, etc.

Le plus difficile a été d'articuler les prestations de mes quatre artisans, car je me suis positionnée comme chef de travaux. Deux mois dans les plâtras, la poussière blanche, le bruit… et l'absence de « petit coin », car toute la tuyauterie était en l'air.

J'avais quand même obtenu de ma grande amie, Mme Cloarec, une faveur toute particulière : la clef d'une des trois « chambres d'hôte » au premier étage, où je pouvais aller prendre mes douches. Mais que c'est loin, quand on est pressée, d'aller courir dans un autre bâtiment, surtout la nuit !

Mon asthme a mal supporté tout ce plâtre volatile. À la fin des travaux, une bronchite asthmatiforme carabinée m'a immobilisée quelques semaines, avec cortisone, masque respiratoire…

Un samedi matin j'appelle en urgence ma doctoresse, après une nuit blanche passée à tousser comme une crevée, et avec de la fièvre. Elle n'a pas le temps de passer me voir mais, efficace, elle faxe l'ordonnance directement à la pharmacie pour qu'on livre tout le matériel respiratoire et la cortisone dans l'heure qui suit… sinon c'est l'hôpital.

Le pharmacien, c'est M. Cloarec, le mari de la directrice, qui a le monopole de Ker-Eden (c'est-à-dire une centaine de clients, gros consommateurs de cannes, béquilles, chaises percées…). Une vraie mine. Afin de chouchouter ses vieilles « poules aux œufs d'or », M. Cloarec livre deux fois par jour de grands cageots de médicaments à l'accueil.

Et l'hôtesse prévient par l'interphone que les médicaments sont arrivés. Reste à aller les chercher. En général, pour limiter les allées et venues, chacun passe les prendre en bas à l'heure du déjeuner. Et les grabataires ? Il faudra attendre le passage d'une infirmière ou d'une aide ménagère pour livrer à domicile.

Ce matin-là, c'est Peau-de-Vache qui est à l'accueil :

– Madame Ravenne, tout votre matériel respiratoire, masque, moteur… est à l'accueil, venez le chercher !

– Vous n'avez pas une stagiaire pour les apporter jusque chez moi ? Je suis très malade.

– Non, je n'ai personne.

Et elle raccroche. Que faire ? L'amertume de ma condition à Ker-Eden m'apparaît. Aucune aide, jamais. Vous êtes « autonome ». À vous de vous débrouiller, zéro service. Et si on ne se débrouille pas, c'est tout droit à l'hôpital. J'entreprends donc la longue marche en peignoir, avec une béquille pour me soutenir. À chaque quinte de toux, le long du chemin, je m'appuie au mur. La chance que j'avais à Biarritz... Lors de grosses bronchites asthmatiformes, mon gentil pharmacien me livrait en urgence tout le matériel respiratoire, directement sur la table de mon séjour. Les premières fois, il me posait lui-même le masque... Ah ! c'était le bon temps !

Dès la fin de mes travaux, tout le monde me demande de visiter ma salle de bains de luxe. À commencer par Mme la directrice :

– C'est la plus belle salle de bains de la résidence. Il y en a tant encore qui n'ont jamais été rénovées depuis vingt ans.

Puis viennent les trois hôtesses d'accueil, les résidantes voisines... Quant à mes petits-enfants, ils demandent à tester sur-le-champ ma douche à jets multiples dans le dos :

– Pourquoi t'as pas mis un Jacuzzi ?

Outre le confort retrouvé, pour moi, c'est aussi le signe d'une victoire morale. Je remonte la pente. Dans la foulée, regonflée à bloc, j'en profite pour attaquer les travaux du premier étage de Ker-Eden. Par correction, j'en avise Mme la directrice :

– Oui, M. Seigner m'en a parlé. Moi, je n'ai pas le temps de m'en occuper. Quant aux propriétaires-bailleurs, si lointains… Mais tout de même, avant d'entreprendre quoi que ce soit, tenez-moi au courant, n'est-ce pas ?

Mme Cloarec a l'air d'être consentante. Elle a toujours « l'air », et cela ne l'empêche pas de faire ses sales coups en douce, avec le sourire. La guerre des nerfs est déclarée, de part et d'autre.

Alors je la préviens de mes projets. J'ai l'intention de commencer par la bibliothèque, une belle pièce, mais inutilisable à cause des monceaux de livres qui jonchent le sol, en vrac, avec les décors de Noël, d'Halloween, abandonnés directement sur l'épaisse moquette bleu marine.

On ne peut même plus entrer dans la pièce.

– Je sais, proteste la Patronne, mais ce sont les résidants, ou leur famille, à leur départ, qui abandonnent tous ces livres de poche et même des livres d'art. « Cadeau à la résidence », disent-ils.

– Après avoir tout trié, je proposerai à quelques associations et bibliothèques de venir se servir. S'il en reste encore, ce sera pour Emmaüs. Vous êtes d'accord, n'est-ce pas ?

À mon tour, j'utilise les tournures biaisées, exprès. Et la réponse ne se fait pas attendre :

– Oui, oui, bien sûr… Mais quand même, montrez-moi avant.

Pendant plusieurs semaines, à raison de deux ou trois heures par jour, je trie des centaines de livres. Raisonnablement, je garde une juste proportion de beaux livres et de romans populaires. Au total, je dénombre plusieurs douzaines de Barbara Cartland. C'est trop.

Les associations contactées sont ravies, curieuses de mettre les pieds à Ker-Eden, le royaume interdit de la mafia de la ville.

Le « gang des promoteurs » a une triste réputation localement et a donné lieu à quelques procès retentissants. On s'en méfie encore *a priori*, même si l'on ne sait plus très bien ce qu'ils sont devenus. Prudents, les gens de la ville n'y installent pas leur grand-mère, sauf en cas d'urgence extrême, quand la liste d'attente est trop longue ailleurs.

Le défilé bat son plein, tous les jours je reçois des visiteurs équipés de Caddie et de valises. Au passage, ils contemplent les locaux abandonnés du premier étage.

– Quel dommage, ces belles salles désertes... et nous qui sommes si à l'étroit dans nos locaux !

En douce, j'envisage déjà de les accueillir de temps en temps, plus tard, pour exposer leurs travaux et œuvres d'art, en échange d'activités partagées. Je lie quelques amitiés.

– On se reverra quand nos locaux seront relookés.

Comme par hasard, la Patronne est au courant de chaque visite, par l'hôtesse d'accueil qui la lui signale aussitôt par l'interphone. Dare-dare elle débarque au premier étage pour mettre son grain de sel. Bien sûr, elle tient à s'octroyer l'initiative de ces donations. Après tout, pour elle, je ne suis que la femme de ménage, tout au plus. D'ailleurs c'est vrai, j'ai les mains très sales à force de travailler dans ma déchetterie.

Un jour, de l'accueil, elle m'entend parler avec la vraie femme de ménage professionnelle qui travaille pour la société Machin. Aussitôt, elle grimpe quatre à quatre l'escalier monumental qui part de l'accueil et mène directement au grand hall du premier étage sur lequel donnent toutes les salles d'activités.

– Vous n'avez pas à donner des consignes au personnel en direct. Vous devez passer par moi, chaque fois.

– Mais je lui demandais juste, au passage, de donner un coup d'aspirateur à la bibliothèque, maintenant qu'on commence à voir un peu la moquette.

Je dois toujours me défendre. Éternelle coupable en ces lieux. Néanmoins je poursuis mes travaux de nettoyage par le vide. Après les livres, j'attaque les décors de Noël, d'Halloween, de Pâques, du 14 Juillet et de toutes les fêtes carillonnées du calendrier. Soit un gros cubage de guirlandes et cotillons, car chaque année la Matrone en rachète des neufs : arbres de Noël en plastique, boules et guirlandes, pères Noël (même une mère Noël automate !), sorcières, têtes de mort, citrouilles…

Parfois, je demande qu'on me prête une stagiaire pour m'aider. Ne serait-ce que pour transporter les sacs-poubelle au local dévolu à cet usage.

– Elle est occupée, me dit-on chaque fois.

Mme « De quoi j'me mêle » a voulu se lancer dans des projets de rangement, qu'elle se débrouille toute seule.

Donc, je persiste, seule. Un jour, cependant, je vois monter une jeune aide-soignante, en stage.

– Nous sommes deux stagiaires ces jours-ci. On m'a dit d'aller vous aider.

Elle tombe à point, car j'ai entrepris de libérer définitivement la « bibliothèque » de tout son fatras de cotillons.

Ma jeune stagiaire s'amuse follement avec les déguisements d'Halloween (car, oui, on déguise les serveuses en sorcières au restaurant).

Le lendemain, ce sont les deux stagiaires qui débarquent dans mon capharnaüm.

– Chut ! ne le dites pas. Ma copine vient juste pour voir. J'ai apporté mon appareil photo. Vous pouvez nous prendre déguisées en sorcières ?

Et les voilà qui s'entortillent de guirlandes aux couleurs vives par-dessus les robes de sorcières et les chapeaux pointus, une tête de mort sous un bras, une citrouille sous l'autre.

Toute la pellicule de photos y passe.

– Au moins, on se sera bien amusées pour une fois à Ker-Eden, dit l'une.

Pour parachever le relooking de la bibliothèque, j'installe le joli bureau aux pattes Louis XV (copie) devant la fenêtre, avec une grande lampe trouvée dans une autre pièce et un fauteuil élégant.

Mon intention est de proposer cette pièce remise en état à des consultants que je pourrais attirer en ces lieux. Par exemple ma jeune conseillère au Crédit mutuel. Elle est partante ; son directeur aussi. Je lui ai raconté comment un conseiller du Crédit mutuel de Biarritz donnait des conférences et des conseils gratuits sur la gestion de patrimoine, à la résidence Château d'Arcadie, en face de chez moi.

Échange de services, les familles confiaient volontiers la gestion du patrimoine de leur grand-mère à ce même conseiller si aimable et si compétent.

L'idée séduit Sitting Bull, qui voit très bien Ker-Eden comme un centre « culturel » où les gens de la ville viendraient écouter des conférences passionnantes. En revanche, la Patronne prend très mal la chose. La gestion du patrimoine de ses vieilles poules aux œufs d'or, c'est son affaire personnelle.

Au printemps 2008, j'attaque toutes les pièces du premier étage, l'une après l'autre. La « Salle audiovisuelle », selon la pancarte clouée à la porte, est la plus vaste, meublée d'une vingtaine d'énormes fauteuils club et de trois canapés profonds.

On se croirait dans un cinéma tant l'installation est prétentieuse. Mais cette salle est éternellement vide. Qui irait s'enfermer dans une pièce déserte, alors qu'on peut regarder la télévision tranquillement chez soi, avec une bonne tasse de thé fumant à portée de main ?

À y regarder de plus près, j'observe les sièges et les canapés un par un. Un certain nombre sont maculés d'auréoles facilement identifiables : les fuites des couches-culottes. Au fil des années, tous les canapés et fauteuils recouverts de somptueux tissus damassés ont vu apparaître ces étranges taches, l'acné sénile de Ker-Eden… et la « Salle audiovisuelle » est devenue l'annexe du local-poubelle.

J'ai prévu de transformer cette pièce en « Salle de réunion », avec l'ambition d'y attirer d'abord les copropriétaires lors des assemblées générales, et les membres du conseil d'administration, le CA.

À ce jour les réunions ont lieu dans une salle, en centre-ville, chez le syndic. À quoi bon aller jusqu'à Ker-Eden, à l'autre bout de cette même ville, où ils ne résident même pas ?

Pour en faire une salle de réunion, il suffit d'y mettre l'énorme table de bois clair verni et ses douze chaises de bois assorties, trop à l'étroit dans le petit « Oratoire ». Le « maître de prière », sorte de gourou qui vient passer une heure tous les samedis, sera heureux de se retrouver dans une quasi-cathédrale.

– Bravo ! Bravo ! m'encourage Sitting Bull au téléphone. Vous, quand on vous donne du grain à moudre...

Il s'étonne toujours de mon ardeur à restaurer tout ce qu'ils ont laissé à l'abandon pendant tant d'années, par flemme et négligence.

Quant à la directrice, elle freine discrètement :

– Doucement. Après les livres, les fauteuils... Tout part si vite avec vous. Je ne m'y fais pas.

Et elle retrie les fauteuils et canapés avec moi : les plus tachés, OK, on donne, mais les autres... On verra plus tard.

Dans le « Salon de bridge », où personne ne joue plus au bridge depuis des années, il y a des tables carrées, pliantes, aux pattes branlantes, au dessus de feutre mité ou déchiré, et des jeux, tous mélangés dans les trois grandes commodes modernes. Au mur, des croûtes, peut-être offertes par des résidants en partance pour le cimetière.

On y trouve aussi des vestiges de toutes les activités du passé : peinture sur soie, peinture sur porcelaine, broderie, tricot, mosaïque, glaise, aquarelle...

De quoi ouvrir un magasin. Malheureusement, les jeux sont incomplets, les peintures desséchées, les laines embrouillées… Vingt ans de léthargie, ça laisse des traces.

Toujours avec la bénédiction de Sitting Bull, je continue à distribuer des dons à toutes les associations intéressées, sous l'œil mi-consentant de la Patronne. Cependant je garde de quoi relancer quelques activités possibles à Ker-Eden : dominos, jeux de cartes (rami et belote), Scrabble, loto…

L'ancien « Oratoire » désaffecté ferait une petite salle de jeux intime. On pourrait y installer les commodes pour ranger les jeux et garder le fond de la pièce pour loger, derrière un rideau, tout le bric-à-brac récupéré de la bibliothèque.

Les mois passent. Le CA vient à une réunion dans la salle réaménagée à cet effet. On me couvre de compliments :

– Quel superbe travail vous avez fait… et sans bourse délier. (Pardi ! Ma participation est gratuite.) Et cette pauvre Mme Cloarec, si occupée.

C'est alors que, subrepticement, elle commence à me mettre des bâtons dans les roues. Une des commodes est fermée à clef. J'ai l'intention de la déménager dans la future salle de jeux, ce qui suppose de la vider d'abord. Comme il se doit, je réclame la clef à l'accueil :

– Elle doit être perdue. On ne la retrouve pas…

– Cherchez encore.

J'ai convoqué un petit déménageur avec deux hommes pour bouger les gros meubles, le surlendemain à 10 heures. Je relance en bas :

– Et ma clef ?

– Pas trouvée.

– Cherchez mieux !

Plusieurs fois dans la journée j'insiste. À la dixième relance, je pique une colère.

– Et merde ! Le déménageur vient demain matin et ce meuble est toujours plein et bloqué. J'accompagne mon coup de gueule d'un bon coup de poing sur le comptoir de l'accueil.

– Calmez-vous, madame...

C'est le docteur « Pique-Pique », toujours à rôder dans les parages, qui intervient.

– Non, je ne me calmerai pas. Je veux cette clef !

– Mais, madame, on n'élève pas la voix dans une résidence pour personnes âgées.

– Eh bien ! on a tort. Il faudrait l'élever plus souvent. Tout y marcherait mieux...

Notre prise de bec dure un bon moment. Je n'ai aucune raison de céder, surtout à ses arguments biaisés :

– Mais, madame, ce n'est pas bon pour votre santé... pour votre tension... pour votre cœur... Regardez dans quel état vous vous mettez.

– Ma santé, je m'en occupe moi-même. Vous n'êtes pas mon médecin personnel, que je sache.

Dans l'allée des morts vivants, les petites grand-mères gloussent de plaisir. Enfin quelqu'un qui rouspète ! Cependant, elles me mettent en garde :

– Attention, le docteur « Pique-Pique » sait bien calmer les « Pas-Sages ». Il en a le pouvoir.

– De quel droit ?

– De son droit de médecin, ami de la Patronne. Ils s'appellent par leur prénom. Et c'est elle qui le propose à tous les nouveaux venus comme médecin traitant.

– Je sais, on me l'a proposé. Mais j'ai choisi ailleurs. Paie-t-il un pot-de-vin à la Patronne pour qu'elle lui rabatte des patients ? Le bruit court.

– En tout cas il lui fait des ordonnances de complaisance pour des cosmétiques et des produits de parapharmacie.

– Et c'est souvent lui qui court-circuite les autres médecins dans les urgences, comme il est tout le temps à traîner dans les couloirs…

Les mauvaises langues vont bon train à l'Eden-Poulailler. Tandis que je parlemente sur mon droit à la colère, l'hôtesse continue de fouiller dans tous les tiroirs et – ô miracle – retrouve la clef perdue.

– Eh bien, voilà ! il suffisait de bien vouloir chercher.

Ce n'est pas la première fois que je frappe d'un poing rageur sur le comptoir de l'accueil. Quelques jours plus tôt, au bout de dix échecs à obtenir ce que je voulais, j'ai pété les plombs, volontairement… et le problème a été résolu. Alors j'ai annoncé publiquement mes intentions :

– Au bout de dix refus à mes demandes justifiées, je passerai au cran supérieur : le coup de gueule. Chaque fois.

Certes, ce ne sont que peccadilles. Mais l'accumulation systématique de toutes ces petites vexations sape le moral, à la longue. Et ce travail de sape est une spécialité d'Eden-Poulailler.

Donc, le jour J, je procède au petit déménagement interne avec des gros bras professionnels : tables, armoires, commodes… Quant au poste de télévision, je le fais descendre près du restaurant, dans la partie à vivre toujours vide, sauf le matin quand Mme la directrice y prend sa pause-café.

J'ai l'intention de repenser prochainement ce salon interdit pour en faire un lieu accueillant pour les résidants : télé, sièges légers, hauts, avec accoudoirs, petites tables pour bavarder en rond. Je dis bien « en rond », car jusqu'ici seule la position en rang d'oignons est pratiquée à Ker-Eden pour empêcher toute communication naturelle.

Mission accomplie pour le premier étage, tout relooké et prêt à recevoir quelques animations à l'avenir. Je remonte chez moi, fourbue mais satisfaite.

Mais le lendemain, alors que je traverse le premier étage pour contempler mon œuvre… je reste interloquée. Je n'en crois pas mes yeux : plusieurs gros meubles sont revenus à leur place initiale.

La directrice, après mon départ, a retenu les déménageurs pour refaire le même trajet en sens contraire !

Je suis consternée. Ce jour-là, c'est la déclaration de guerre, pas de doute possible.

Que faire ? Aller péter les plombs dans le bureau de la Patronne ? J'opte pour une autre stratégie : la guérilla. Patiemment, je redéménage tous les meubles que je peux, fauteuils, bureaux, lampes… en sens inverse.

À faux-jeton, faux-jeton et demi ; c'est ma devise désormais. Cependant je remonte chez moi très lasse physiquement et surtout moralement. Les hostilités sont déclarées. Comment vais-je survivre à cette guerre des nerfs ? Elle va durer quatre ans avant que je réussisse à m'enfuir.

Au téléphone, j'avise Sitting Bull de la situation. Il soupire :

– Eh oui ! Mme Cloarec a toujours le dernier mot. Impossible de la contrôler.

– Avez-vous essayé ?

– Je n'ose pas la contredire. Et si elle allait se faire porter pâle ? Quelque arrêt de travail, pour cause de maladie… Qui s'occuperait de Ker-Eden ?

– Vous !

La perspective d'avoir à se remuer l'épouvante. D'où son éternelle politique de l'autruche.

Cela fait un an maintenant que je suis arrivée à Ker-Eden et le bilan n'est pas réjouissant. Après le coup de *blues* du début, j'avais cru pouvoir supporter mon sort, à condition de me rendre utile. Mais ma « valeur d'utilité sociale » est gravement contestée quand je vois tout mon travail de la veille démoli le lendemain.

Que pourrai-je inventer pour me regonfler le moral ? J'ai traversé la France pour profiter de mes petits-enfants. Certes, je les vois de temps en temps et ils sont ma dernière joie de vivre. Mais la grande déprime qui règne à l'Eden-Poulailler commence à glacer tous mes élans vitaux. Je vieillis si vite ici.

Ce soir je voudrais bien rire un peu avant d'aller me coucher. C'est alors que le gentil démon qui squatte dans mon cerveau droit, siège de mon imagination, me chatouille discrètement. Et si tu écrivais à Valérie Damidot pour qu'elle vienne relooker Ker-Eden au goût du jour ? Un gros fou rire me secoue aussitôt et je me lance :

« Chère Valérie,

J'habite dans une résidence du troisième âge un peu tristounette. Nous aurions bien besoin de vous pour nous badigeonner les joues, le moral et les murs aux couleurs de la vie. Avec votre joyeuse troupe vous relookez plus de maisonnettes que de gagatoriums. Mais, justement, ce serait une première… »

Dès le lendemain je poste ma bouteille à la mer. Je n'ai même pas besoin de songer qu'elle m'apportera en retour le message positif attendu. Il me suffit de faire semblant d'y croire.

7

Dame Zizanie

Dans une de ses pièces de théâtre – *Château en Suède*, je crois –, Françoise Sagan avait baptisé les deux enfants de la famille Houblon et Zizanie, c'est-à-dire le bon grain et la mauvaise graine, l'ivraie. Semer la zizanie, c'est comme utiliser des OGM : rien de tel pour ravager la récolte, insidieusement.

C'est bien ce que fait Mme Cloarec en permanence, semer la zizanie dans mon champ de blé afin d'empoisonner mes semailles. Selon les conseils des Évangiles, qui ne sont point tendres, il me faudrait trier le bon grain et brûler l'ivraie à l'heure des moissons. Les bons au paradis, les méchants iront brûler en enfer. Mais je suis un piètre justicier, semeur impuissant, condamné à voir son champ parasité.

Comme tous les résidants du Poulailler, je vois chaque jour ma vie, ma santé, mon identité, ma dignité, étouffées par l'ivraie envahissante, tenace, implacable. J'ai beau me battre comme José Bové pour arracher les plants indésirables, ils reviennent sans cesse.

Pour retrouver le moral et inspirer un grand bol d'air, je vais presque tous les jours au centre social du quartier, où je m'éclate : chant, danse *country*, Troc-Savoirs, ateliers-mémoire, customisation… Je m'inscris à tout ce que je trouve.

Au passage à l'accueil de Ker-Eden, je raconte mes activités multiples et « alléchantes ». Je parle à l'hôtesse devant la Patronne, qui farfouille dans les tiroirs, dos tourné. Puis elle me fait face et, de son air doucereux habituel, entame la conversation :

– Vous ne devriez pas fréquenter ce centre social…

– Ah bon ? Pourquoi ?

– Ces gens-là ne sont pas de notre milieu.

Encore une fois, je suis estomaquée. Qu'elle le pense, cela ne m'étonne pas, mais qu'elle le dise à voix haute… Je rétorque aussitôt, calmement :

– Oh ! vous savez, moi, le milieu ! pourvu qu'il y ait de la vie. Et au centre social, ça grouille de vie…

Sous-entendu, ici, ça grouille de rien du tout. Ça sent la mort à plein nez. Ce sont les asticots qui grouillent d'impatience de grignoter les doigts de pied de tous ces morts vivants… J'ai pensé toutes ces horreurs. Et j'ai continué à me rendre au centre social le plus souvent possible et à raconter tout fort mes activités *extra-muros*.

De quoi faire baver de convoitise les petites mémés, qui s'insurgent :

– Et pourquoi, nous, on n'a pas ça ici ?

Dame Zizanie, dos tourné, l'oreille à l'écoute, n'en perd pas un mot. Elle me revaudra ça.

Justement, à propos du centre social, j'ai fait une offre à son directeur. Veut-il l'immense billard inutile qui encombre le hall du premier étage ? J'ai la bénédiction de M. Seigner pour débarrasser Ker-Eden de ce mammouth suranné.

– Pourquoi pas ? m'a-t-il répondu, s'il entre dans la véranda. Cela amuserait les enfants. Est-ce que je peux passer le voir ?

– Bien sûr, mais téléphonez-moi avant pour me prévenir de votre visite.

« Captain Loïc » et moi, nous sommes en bons termes… malgré le « milieu ». J'apprécie son accueil chaleureux à l'entrée du centre, où il tire sur sa bouffarde, dehors, par tous les temps. C'est vrai qu'il a tout du loup de mer : la barbe blanche, les cheveux en bataille, une belle gueule de Breton bronzé par les embruns. En hiver il porte le jean et le blouson, en été le bermuda et les spartiates. Pas bling-bling pour deux sous, mais si réconfortant. Le centre, c'est mon « *home, sweet home* », mon refuge, mon petit paradis caché, loin de l'Eden-Poulailler.

Quelques jours plus tard, je le croise à l'entrée :

– Finalement, me dit-il, je ne le prends pas, votre billard. Je l'ai trouvé beaucoup trop monumental.

– Comment ça ? Vous êtes passé le voir ?

– Oui, bien sûr. J'ai appelé le secrétariat de Ker-Eden pour prévenir. Je suis tombé sur Mme Cloarec. Elle m'a dit que vous n'étiez pas là, mais que je pouvais passer tout de même. Elle ne vous l'a pas dit ?

– Non. Et j'étais chez moi.

Et voilà encore une petite vacherie en douce. Me court-circuiter. Si l'affaire avait marché, bien sûr, c'est elle qui se serait vantée d'avoir casé le billard.

Quant à moi, je suis tantôt sa femme de ménage, tantôt sa secrétaire, mais je ne jouis d'aucune autonomie. Peut-être que je suis trop susceptible, mais ma vie ici, faite de mille petites humiliations cumulées, devient un tsunami perpétuel. Jamais de répit. Qu'importe, je tiendrai bon. Pas question que je me range dans le camp des résignés.

Donc je poursuis mes travaux. Il me reste encore bien des livres, des objets, des meubles abîmés, fauteuils souillés, dont personne ne veut. J'envisage d'appeler les « Compagnons d'Emmaüs ». Depuis toujours j'ai le plus grand respect pour l'œuvre de l'abbé Pierre. Non seulement avec des déchets il refait du neuf, de l'utile, même du beau. Mais il récupère aussi les hommes démolis et leur redonne la dignité par le travail.

À chaque déménagement, à chaque nettoyage de printemps, à Paris, à Biarritz, à Brest, j'appelle les Compagnons d'Emmaüs.

Donc, tout naturellement, j'envisage de les contacter pour en finir avec le dépotoir du premier étage. J'en parle avec la directrice. *A priori*, elle n'est pas contre, mais je m'attends toujours à quelques coups bas imprévus. Au passage, je tente de l'allécher :

– Et on pourrait en profiter pour leur donner ces frigos, micro-ondes, appareils ménagers, tapis, meubles boiteux qui encombrent, à longueur d'année, tous les locaux-poubelle de Ker-Eden.

– Pourquoi pas ?

Son principe : ne pas montrer un enthousiasme délirant devant mes propositions. Mais un « Pourquoi pas ? » me suffit pour entreprendre mes travaux de rangement par le vide.

Le plus grand local-poubelle est au rez-de-chaussée, mais il y a encore six locaux à vide-ordures aux étages. En théorie, ils ne servent qu'à jeter de petits paquets, car la gueule des vide-ordures muraux est très étroite.

En réalité, les résidants, tous plus ou moins handicapés, ont pour coutume d'abandonner dans ces locaux toutes sortes de déchets, grands sacs, planches, cartons, pots de peinture, séchoirs cassés…

Peu à peu, Ker-Eden est devenu un vrai dépotoir. On y abandonne les gens et les objets, strate sur strate, jusqu'à l'enlisement total.

Dans mes efforts désespérés pour récupérer les gens et leurs biens, je décide d'aller plus loin encore, de profiter de ce « vide-grenier » géant pour encourager les résidants à faire leur propre tri, chez eux, afin de donner tout ce qui les encombre aux Compagnons d'Emmaüs.

Le projet est osé, inhabituel. Je tâte le terrain d'abord auprès de mes complices préférées. Tout le monde est enthousiaste.

– Un « vide-grenier » à Ker-Eden, quelle bonne idée ! Tous ces vêtements que je ne mets plus et ces objets qui m'encombrent…

Alors, je vais voir Mme la directrice pour lui soumettre mon projet à grande échelle.

– Pourquoi pas ? me répond-elle.

– Pour bien faire, il faudrait que je puisse passer une annonce au micro, à l'heure du déjeuner, pour leur expliquer le fonctionnement de l'opération. Vêtements et objets seraient déposés, en balluchons, directement dans le « salon de bridge », sur les canapés.

– Pourquoi pas ?

– Alors demain, à l'heure du déjeuner, je viens au restaurant faire l'annonce au micro ?

– Non, pas demain. Je ne suis pas là. Mardi prochain, à midi, ça irait ? Vous m'attendez dans l'entrée.

Le mardi suivant, à midi pétant, j'attends, assise, dans l'allée des morts vivants. Je vois tout le monde passer à table. Midi et quart… midi trente… j'attends toujours. Je relance à l'accueil :

– Veuillez prévenir Mme Cloarec que je l'attends dans l'entrée depuis midi, comme convenu…

Appel à l'interphone :

– Elle arrive. Juste un coup de téléphone urgent…

Midi quarante-cinq, j'attends toujours. La moutarde me monte au nez. Finalement, elle se pointe à une heure moins dix, l'heure à laquelle elle passe à table tous les jours. L'heure aussi où les résidants, repus, se lèvent de table pour aller faire leur sieste. Bien joué, je vais parler devant une salle vide.

– Oh ! excusez-moi. J'ai tant de choses à faire. Alors, racontez-moi. Qu'est-ce que vous voulez leur dire exactement ?

Je n'avais pas prévu de répétition générale, la censure de tel ou tel mot, les commentaires sur chaque proposition. Cependant, j'obéis aux injonctions en serrant les dents. Je dis tout, mais au passage je fais remarquer :

– Il est près de une heure et bientôt tout le monde aura quitté le restaurant…

– Bon, allons-y.

Elle entre au restaurant la première, comme il se doit. Je suis sagement. Alors, se saisissant de « son » micro, elle fait un long discours, ce dont elle est très friande. Elle adore parler *ex cathedra*, debout, pétant de santé, se gargarisant de ses effets de voix. Et elle raconte toute l'opération, de A à Z. L'importance de donner aux bonnes œuvres, telle la fondation Abbé-Pierre, les endroits où déposer vêtements, objets… Et moi, j'ai l'air d'une idiote, comme d'habitude, plantée dans son dos, muette et tortillant mes mains de colère rentrée.

L'opération vide-grenier déclenche une grande pagaïe. Personne n'a rien compris. On dépose n'importe quoi n'importe où : les vêtements dans le local-poubelle et les séchoirs à linge dans le « salon de bridge ». Je passe mon temps à trimballer, regrouper, faire des inventaires. Mes petites protégées sont ravies de tout ce remue-ménage :

– Ça met de l'ambiance !

D'autant plus ravies que je leur ai conseillé de se servir au passage.

– N'hésitez pas, quand vous déposez des vêtements, à regarder tout ce qui est entreposé, jeté pêle-mêle sur les fauteuils et canapés. Et servez-vous si quelque chose vous tente !

– C'est vrai ? On peut ?

– Bien sûr. Priorité aux résidants. Il est normal que ce qui ne plaît plus aux uns puisse faire plaisir aux autres.

Pour faire enrager la Patronne, qui désapprouve tout ce charivari, je lui glisse un jour :

– Vous ne croyez pas qu'on pourrait faire un vide-grenier tous les ans, entre résidants ? Ça leur fait tellement plaisir.

– Ah ! non ! Tout ce dérangement !

Voilà le cri du cœur. Cela dérange ses habitudes. Tant mieux. La farfouillette bat son plein. D'autant plus que je propose aux aides ménagères, aux infirmières, aux stagiaires, d'aller jeter un coup d'œil et de se servir au passage.

Marie-Jeanne, mon aide ménagère, est ravie. Elle trimballe sans cesse des étagères, des étendoirs à linge...

– Pour mes petites mémés. Il y en a qui sont si mal installées, qui manquent de tout confort... et qui n'ont plus rien à se mettre sur le dos.

Valérie, autre aide ménagère très présente à Ker-Eden, me confirme :

– Mon mari et moi, nous venons de repeindre, gratuitement, un dimanche, la cuisine de Mme X. Pas refaite depuis l'origine, complètement délabrée. Son propriétaire s'en moque et sa famille aussi. Je vais demander à mon mari de lui poser ces quelques étagères que j'ai trouvées dans votre vide-grenier. Faut bien aider un peu ces vieilles grand-mères abandonnées.

Les stagiaires sont excitées comme des puces par l'opération. À l'heure du déjeuner, elles vont à la découverte des trésors exposés. J'en trouve une, toute jeunette, en extase devant une liseuse en laine rose, tricotée à la main, le vêtement le plus démodé qui soit :

– Comme c'est doux ! Ça ferait bien plaisir à ma grand-mère pour son anniversaire. Je peux prendre ?

– Bien sûr. N'hésitez pas.

Du train où vont les choses, je me dis qu'il ne va plus rien rester pour les Compagnons d'Emmaüs. Si, quand même, les grosses pièces, meubles et frigos. Quoique, je m'étonne un jour de constater qu'une dizaine de gros fauteuils ont disparu. Et pas les plus tachés, au contraire ! Les plus convenables, retenus par Mme Cloarec dans nos tris :

– On verra…, disait-elle.

C'est tout vu. Ils sont déjà partis. J'en avise la directrice :

– Oui. Finalement, je les ai donnés moi-même à des œuvres que je connais.

Je n'insiste pas. Sa famille, ses amis, ses grands enfants bénéficient à longueur d'année de ses donations généreuses.

Finalement, je suis peut-être moins « lavette » que je ne craignais. Contre vents et marées, j'ai mené à bien mon petit projet. Plus important encore, j'ai gagné la confiance des résidants. Je me bats pour eux et ils en sont conscients.

Il est temps de relancer quelques activités tombées en désuétude. Mais d'abord, recenser ce qui existe encore, ce qui est annoncé dans le « bulletin mensuel » (une double page, papier de couleur, guirlandes et fleurettes) : gym douce, atelier de lecture, tricot…

Au fond, l'atelier de lecture pourrait m'intéresser, si on y discute des derniers livres sortis.

Cet atelier a lieu une fois par mois de 4 à 5 heures dans le hall du premier étage, là où trône toujours le billard gigantesque. Je me pointe donc en avance pour discuter avec les participantes, trois ou quatre résidantes, les plus amochées, avec déambulateurs et fauteuils roulants. J'essaie d'engager la conversation, sans résultat. Marie-Jeanne arrive en poussant un fauteuil roulant. Elle me glisse à l'oreille :

– Je viens toujours déposer Mme Machin ici… comme ça j'ai la paix pour faire le ménage chez elle. Et ça l'occupe un peu.

Voilà l'animateur, un vieux monsieur presque aussi croulant que ses adeptes. Il est accompagné d'un grand chien roux que tout le monde caresse au passage en l'appelant par son nom. Manifestement, c'est un habitué des lieux, très apprécié.

Je me présente à l'animateur. Il a l'air étonné. Je lui demande le programme. Il esquive ma question :

– Bienvenue parmi nous. Asseyez-vous, nous allons commencer.

Et il sort de sa sacoche un livre d'enfant, grand format, très illustré, où il est question d'un petit Noir dans un village africain. On dirait *Kirikou*, le livre que j'avais offert à mon petit-fils pour ses trois ou quatre ans. En effet, c'est du niveau école maternelle.

– Et comment il s'appelle, le petit garçon ?

Une ou deux grand-mères se souviennent de son nom. Les autres pas.

– Et comment il s'appelle, son petit chien ?

– Et comment il s'appelle, le petit village ?

J'ai trop rêvé, ce n'est pas à cet atelier de lecture que l'on débattra du dernier Goncourt. J'en prends mon parti ; je reste poliment jusqu'à la fin et je m'esquive sans avoir flatté ni le chien ni son maître.

Guère plus de succès à l'atelier de tricot. Une charmante vieille dame, type Mamie Nova, les lunettes au bout du nez, montre le point de riz à une de ses trois élèves. La deuxième tricote seule ; la troisième ne fait rien ; elle regarde les autres tricoter. Ça bouge. Ce sont des visages humains. Que demander de plus ? Arrive Valérie, une des aides ménagères libérales, amie de Marie-Jeanne :

– Je reprends Mme Machin, c'est l'heure.

– Laissez-la encore un peu, plaide Mamie Nova.

– Je ne peux pas, j'ai fini mon travail. Je rentre chez moi. Il faut que je la dépose chez elle avant de partir.

L'animatrice est résignée à subir les horaires des femmes de ménage. Elle est aimable et discute un peu avec moi :

– J'ai peu de participantes. La plupart ont trop d'arthrose dans les mains. Mais elles savent me trouver là. Alors elles me font une petite visite de temps en temps, juste pour bavarder un peu.

Je me souviens d'avoir regroupé un grand nombre de pelotes de laine entamées dans les placards que j'ai vidés. J'ai mis le tout dans un sac-poubelle, stocké avec les décors de Noël et d'Halloween.

– Cela vous intéresserait d'avoir quelques pelotes de laine, type layette, pour vos protégées ?

– Oh ! oui, bien sûr. D'autant que je donne aussi des cours de tricot dans d'autres résidences. C'est si cher les fournitures, surtout les jolies laines.

Alors je l'emmène dans la « caverne d'Ali Baba » que j'ai installée au fond de l'ex-Oratoire, sur des étagères branlantes. J'aurai au moins fait une heureuse, à peu de frais, aujourd'hui.

Le cours de « gym douce », bimensuel, est un peu plus fréquenté. Il a lieu dans la vaste salle du billard, comme toujours, sur l'épaisse moquette bleu marine. Une dizaine de chaises en rond, occupées par des résidantes. Pas d'hommes, sauf l'animateur, tout jeune, missionné par la Sécu et quelques autres sponsors, et conventionné. La coqueluche de ces dames : Julien par-ci, Julien par-là…

Il distribue des ballons à chacune, de la main à la main. Premier exercice, bien calées dans leur fauteuil : lancer le ballon en l'air – pas plus de 30 à 40 cm – et le rattraper ensuite. Je compte les points. À peine trois ou quatre résidantes réussissent à reproduire l'exercice. Les autres font n'importe quoi, jouent avec le ballon, le caressent, le fichent par terre. Julien ramasse, patient. Il est bavard et taquine les mémés familièrement. Elles en gloussent de plaisir.

Les exercices se compliquent :

– Quand je donne un coup de sifflet, tout le monde passe le ballon à gauche. Quand je donne deux coups de sifflet tout le monde le passe à droite.

Alors là, c'est la panique, les ballons se carambolent, roulent par terre.

Reste le loto, qui attire un grand nombre de vieilles dames. Et pour cause, le loto est toujours suivi d'un goûter, auquel on n'a droit que si l'on assiste au loto. C'est la loi, instituée par Mme la directrice, pour s'assurer d'une bonne fréquentation de certaines activités. *Dura lex, sed lex.*

Le loto a lieu dans la salle du restaurant. Tout le monde est assis dans les fauteuils de rotin vert avec accoudoirs, les préférés, devant les tables aux nappes blanches. Les tasses sont déjà posées pour le chocolat chaud. Mme Cloarec préside la séance, micro à la main ; elle annonce les prix qui seront distribués aux gagnantes :

– Premier prix, cette superbe brioche, cuite au feu de bois, que je suis allée chercher exprès pour vous chez le meilleur boulanger à l'ancienne, à l'autre bout de la ville.

Après les attraits de la brioche bretonne, Mme la directrice présente au public les lots suivants :

– Superbe « Toi et Moi », deux bols assortis pour le petit déjeuner.

Puis suivent deux ou trois objets, tous plus « superbes » les uns que les autres : un petit plateau en plastique, un vase, un foulard acrylique…

On dirait la récup' que j'ai entreposée au premier étage ! Je suis assise à la table de mes « copines », les vieilles dames indignes de Ker-Eden, qui commentent, la bouche pleine :

– Tout ça, ce sont des trucs donnés par les résidantes. Tenez, moi j'ai donné l'autre jour un truc moche, cadeau de la Redoute. Ça lui coûte pas cher le loto. Et ça lui rapporte gros, à raison d'un euro la planche. Et on en prend deux ou trois, selon ses moyens.

Il est vrai, j'ai moi-même déposé à l'accueil « pour le loto », une danseuse en biscuit de Sèvres, une broche en faux brillants et quelques objets ringards gagnés en vente par correspondance.

Je m'informe :

– Pourquoi aller si loin chercher une grosse brioche, alors qu'elle commande toutes les viennoiseries des goûters au traiteur habituel qui sert déjà tous les repas de Ker-Eden ?

– Oh ! c'est tout simple. Quand elle va si loin pour acheter une seule brioche, dit-elle, c'est qu'elle en met deux ou trois au passage dans le coffre de sa voiture.

– Deux ou trois ? Vous voulez dire quatre ou cinq, ajoute la voisine.

– Allez, disons huit ou dix, avec quelques petits-fours en plus.

Je feins de ne pas comprendre :

– Mais ça se voit sur la facture. La comptable…

– La comptable ? Elle a peur, elle paie tout les yeux fermés.

– Oh ! la Patronne doit bien lui rapporter une brioche de temps en temps, à la comptable, pour la mettre dans sa poche.

On s'agite à la table à côté. Peau-de-Vache, qui assiste la Patronne et collecte les euros dans une corbeille, déclare, péremptoire :

– Tant pis pour vous. Pas de porte-monnaie, pas de planche de loto.

Cet oukase s'adresse à Dame Suzon, une vraie A, toute petite, trotte-menu, la tête toujours penchée à droite.

Assise à côté, Dame Charlotte, une des râleuses qui, comme moi, défendent la veuve et l'orphelin, intervient :

– Bon ! elle a oublié son porte-monnaie, et alors ? Vous pouvez bien lui donner une planche *gratis*, avec tous les sous que vous avez dans la corbeille !

– Pas question, répond Peau-de-Vache, fidèle à elle-même. Si on commence à donner des planches pour rien, alors comment on achètera les cadeaux ?

Dame Suzon pleurniche, résignée, le nez dans son bol de chocolat. Alors Dame Charlotte ouvre son porte-monnaie, en retire un euro :

– Tenez, et donnez-lui une planche, comme à tout le monde.

Cela me réconforte un peu de constater qu'il reste encore quelques « indignées », parmi la masse grandissante des résignées. Les « mauvaises langues » de Ker-Eden (dont je suis) se font rares, mais je les encourage à tenir bon avant d'être définitivement broyées par le système.

Le premier prix de râlerie, je le décerne toujours à Dame Léontine, ma première complice en ces lieux, suivie de près par Dame Charlotte...

Alors que je terminais ma salle de bains début 2008, Léontine m'attaque sec dans le couloir :

– Votre plombier a dû perforer quelques tuyaux parce que ça fuit chez moi, juste au-dessous. C'est un ouvrier envoyé par la Patronne qui est venu voir chez moi. Vous savez, celui qui est passé partout, d'autorité. Il devait vérifier toutes les installations d'eau pour toute la résidence. Il y a des murs humides, paraît-il.

– Mon plombier est très soigneux ; je ne crois pas qu'il ait fait des dégâts dans la tuyauterie.

Dame Léontine insiste. L'ouvrier de la Patronne a fait un trou dans ses WC, pour voir. Il a dit que c'était mouillé dedans, et il a laissé le trou ouvert en attendant.

J'appelle mon plombier, lui demande de passer vérifier avec moi à l'étage au-dessous. Dame Léontine nous reçoit très aimablement. Après constat, pas la moindre trace d'humidité dans le mur des WC.

– C'est un trou inutile, conclut mon plombier.

Et il cligne de l'œil pour nous avertir :

– Cela arrive souvent que les ouvriers qui travaillent pour un patron fassent eux-mêmes les dégâts... pour pouvoir facturer des réparations inutiles. Vous comprenez, ils sont payés au pourcentage. Peu de fixe, mais un pourcentage sur les travaux facturés. C'est moche, mais on les comprend. Faut bien gagner sa vie. Nous, les petits artisans, on est plus honnêtes. On n'abuse pas des vieux.

Dame Léontine est veuve depuis quelques semaines. Elle a quatre-vingt-dix ans et est propriétaire de son T3. Une des rares propriétaires-résidantes (comme moi). Donc « riche ». Donc la proie idéale à plumer. Alors nous décidons, en toute complicité, d'aller ensemble à l'accueil rendre compte de nos constats :

– Aucune fuite en vue. Veuillez dire à Mme Cloarec qu'elle envoie « son » ouvrier réparer « ses » dégâts et boucher « son » trou inutile.

À Ker-Eden, les ouvriers font des *check-up* dans les appartements (pourtant privés) sans prévenir, et même en l'absence de l'occupant, munis d'un passe-partout. La directrice et ses hôtesses en font autant, sans aucun respect de la vie privée.

Un jour, en rentrant, je trouve un homme dans ma chambre à coucher. Je sursaute :

– Qu'est-ce que vous faites là ?

– Je fais un *check-up* de tous les radiateurs de la résidence. Ordre de la direction.

Selon mes indics préférés, dont Roger, il paraît même que ces ouvriers imposés facturent cent *check-up* quand ils n'en font que la moitié. Personne ne vérifie s'ils passent partout ou pas. Surtout les A qui ne remarquent ni les visites… ni les absences de visite.

Les factures des prestataires de services, qui ont « carte blanche » à Ker-Eden, sont si salées que le CA a commencé à s'en émouvoir. Finalement, l'entreprise X a été remplacée par l'entreprise Y. Justement c'est la première (X) qui a fait le trou dans les WC de Dame Léontine. Alors, bien sûr, l'entreprise congédiée n'est jamais revenue.

– Et mon trou, alors ?

Toutes les semaines, Léontine et moi allons réclamer à l'accueil que justice soit faite :

– Et notez-le sur le registre, insistons-nous.

Le registre, c'est la « main courante » où l'hôtesse de jour et l'étudiant de nuit notent tous les événements importants – ou pas – de la résidence.

L'affaire a duré neuf mois, de janvier à septembre 2008. À la demande de ma petite copine bafouée, chaque fois, je vais à l'accueil avec elle, pour insister. Toute la résidence est au courant et prend parti pour Dame Léontine. La Patronne devient hystérique et Peau-de-Vache m'accueille en colère :

– De quoi j'me mêle ?

Rien à faire. Nous avons décidé de ne pas lâcher prise et nous avons continué notre harcèlement jusqu'à septembre. Le conseil d'administration, saisi de l'affaire, refuse de prendre en charge le coût du rebouchage de ce trou. Dame Léontine ne se dégonfle pas pour autant. En juillet, un ouvrier inconnu sonne à sa porte :

– Je viens pour boucher le trou.

– Et alors, racontez. Il a tout rebouché ?

Toutes les curieuses de Ker-Eden sont pendues aux lèvres de Dame Léontine, qui en profite pour faire son petit numéro :

– Non, il a juste mis un cube de bois carré dans un trou rond. Quant au reste, le plâtre pour boucher les vides, il a dit qu'il repasserait une autre fois.

Les semaines passent. L'été aussi. Mais l'homme ne passe pas. Nous continuons à harceler l'accueil et la direction. Septembre est arrivé. Un jour, un ouvrier – un autre – sonne chez Dame Léontine.

– Je viens pour replâtrer le trou.

Deux ou trois coups de truelle, du plâtre frais, et l'ouvrier annonce :

– C'est tout pour aujourd'hui. Je reviendrai une autre fois pour recoller la languette de papier peint découpée au-dessus du trou. On ne peut rien coller sur du plâtre frais.

L'affaire aurait pu durer quelques mois de plus. Mais un beau jour mon amie « indigne » m'aborde dans l'entrée :

– Je vous dispense de notre réclamation hebdomadaire. J'ai recollé le papier peint moi-même avec un peu de colle forte. L'affaire est close.

On en a parlé longtemps. « Le trou de Dame Léontine » est devenu légendaire, le symbole même de l'indifférence qui règne à Ker-Eden, mais aussi celui de la résistance obstinée et de la victoire de deux mémés, les plus têtues du gagatorium. Sinon le trou serait toujours là, béant, accusateur.

Je converse de plus en plus souvent dans le hall. On me force à m'asseoir au passage. Je raconte mes activités au centre social.

Il y a toujours des « ailleurs » et des « autrement ». Selon mes principes journalistiques qui me poussent à tout vérifier, j'entreprends une exploration dans d'autres résidences, médicalisées et subventionnées, qui sont la grande majorité en Bretagne. Souvent, je me fais passer pour une vieille dame, encore autonome, qui enquête pour elle-même, pour plus tard. On me reçoit à bras ouverts.

Je visite tous les locaux, les chambres, les salles d'activités…

– Nous sommes pleins actuellement. Il faudrait tout de suite vous inscrire sur la liste d'attente, si vous voulez une place pour plus tard.

– Je vais y réfléchir.

Dans plusieurs résidences, les A disposent d'un quartier à part, sécurisé, avec son propre restaurant, ses activités, son personnel, ses logements. Les autonomes, ou semi-autonomes, ont d'autres locaux.

Jouxtant Ker-Eden, il y a la résidence Ker-Madoué, médicalisée, dépendant du groupe « Amitiés d'Armor », très coté dans la région, mais avec une longue liste d'attente. Ker-Madoué est très ouvert sur la ville. On y vient de tout le quartier pour participer aux karaokés et autres fêtes. Tout les jeudis c'est dominos, rami, belote, Scrabble… ouverts à tous. Tant pis si « ces gens-là ne sont pas de notre milieu », un jeudi je pousse la porte pour aller m'encanailler ! Dans la salle de jeux, on m'accueille chaleureusement :

– Quel jeu vous intéresse ?

– Le Scrabble.

Aussitôt la résidante postée à l'entrée fait une annonce au micro et me trouve une partenaire :

– J'ai quatre-vingt-cinq ans, dit celle-ci. J'aime beaucoup le Scrabble, mais je ne trouve pas toujours de « bons partenaires ».

Elle joue fort bien, connaît par cœur le Wu, le Won, le Ka, l'Awale et l'Awali… À la fin, vers 5 heures, elle m'embrasse et me dit :

– Vous reviendrez, n'est-ce pas ?

À 4 heures, nous avons fait une pause-goûter : trois petits-beurre sous Cellophane pour chacun, un gobelet de carton avec sachet de thé ou de café. Plusieurs résidants font le service, apportent les bouilloires d'eau chaude et font la quête, une corbeille à pain à la main :

– C'est un euro par personne. Même tarif pour résidants ou visiteurs. Nous gérons nous-mêmes notre cagnotte pour les goûters et notre club de jeux. Ici, pas de chichis et ça marche très bien.

À force de fréquenter la résidence voisine, je bavarde avec les animatrices, la secrétaire, la directrice, une petite femme énergique qui gère un personnel important. Pas de sous-traitants, on fait tout à la maison. Un grand organigramme couvre tout un pan de mur, dans le couloir, des douzaines de cuisiniers, femmes de ménage, hommes de maintenance, infirmiers et médecins attitrés. Et des hommes parmi les résidants. Quelle surprise !

Les activités les plus diverses figurent au programme, affiché dans l'entrée, en moyenne trois par jour, une le matin, deux l'après-midi : ateliers-mémoire, ateliers-paroles, revue de presse (on commente ensemble le journal du jour), comités divers tenus par les résidants, peinture, dessin, travaux manuels, modelage… et même informatique.

Quatre ordinateurs sont à la disposition des seniors, en permanence, dans une petite salle. Ils peuvent envoyer des e-mails et même des photos à leur famille. Des animateurs bénévoles, jeunes, les y aident.

Ker-Madoué loge, toute l'année, un quota de handicapés et jeunes en difficulté. Ceux-ci se mêlent aux aînés et rendent beaucoup de services.

Les animateurs et secrétaires bavardent facilement avec moi. La directrice est plus réservée. Elle répond à certaines de mes questions :

– Oui, j'ai des diplômes. J'ai reçu du groupe « Amitiés d'Armor » une formation spécifique : management, gestion, mais aussi animation sociale...

Cependant elle prend un air gêné devant mes investigations plus indiscrètes :

– Vous avez de bonnes relations avec Ker-Eden et avec la directrice ?

– Peu de relations.

Point à la ligne. Alors, en bonne ex-journaliste, je pose la même question ailleurs, aux secrétaires, aux animatrices...

– Vous êtes donc en concurrence directe ?

– Oui. Sauf que, chez nous, c'est plein à craquer. Pas chez vous.

Je comprends mieux pourquoi la Patronne n'aime pas que je traîne mes guêtres à droite et à gauche. On ne doit pas comparer l'incomparable, les torchons et les serviettes, les nappes blanches de Ker-Eden avec les nappes de Tergal aux couleurs vives de Ker-Madoué. Alors je me fais un malin plaisir d'aborder Mme Cloarec dans les couloirs, avec mon sourire le plus faux-jeton :

– Vous êtes déjà allée à Ker-Madoué ? C'est pas mal ce qu'on y fait.

Et je décris quelque karaoké où je me suis bien amusée. Je propose même d'y escorter quelques résidantes si cela les intéresse :

– Vous n'y pensez pas ! Elles préfèrent rester chez nous.

Et pour confirmer ses propres affirmations, elle pose toujours la même question aux petites dames qui passent dans le couloir :

– Vous êtes bien, chez nous, n'est-ce pas ?

– Oh ! oui, madame.

– Tandis qu'ailleurs… on ne sait jamais…

C'est ainsi que les portes se referment de plus en plus sur Ker-Eden. Les résidantes y vivent terrorisées par les « ailleurs », par tous ces sauvages qui vivent là-bas, dans la jungle inconnue.

Étant entrée au conseil d'administration et au conseil syndical des copropriétaires, j'en profite pour diffuser quelques informations sur les « ailleurs ». Certains détails retiennent parfois l'attention :

– À côté, à Ker-Madoué, toutes les portes extérieures sont sécurisées. Juste un code de sortie, pas très compliqué, mais trop cependant pour les « désorientés » un peu flous : « Pour sortir, veuillez taper le numéro qui correspond à l'année précédant l'année en cours ».

À Ker-Eden, à mon arrivée, on s'enfuyait par toutes les portes, à l'avant, et à l'arrière, côté jardin. Et la police n'en finissait plus de nous ramener nos « chiens perdus sans collier ».

M. le président est enthousiasmé :

– Si on mettait les mêmes codes chez nous, au moins aux portes de sortie, côté jardin ? Pour l'entrée, ce n'est pas possible. Trop de va-et-vient.

Ce fut fait… deux ans plus tard. Même code ; même inscription sibylline. Au moins, pour une fois, j'aurai laissé quelque trace positive à Ker-Eden. On ne s'enfuit plus de ce côté-là… mais on s'enfuit deux fois plus par-devant !

Quant aux activités multiples que je décris, elles n'éveillent pas beaucoup d'intérêt :

– Débrouillez-vous ! Voyez avec Mme Cloarec. Tâchez d'en relancer quelques-unes… pas trop chères.

Par mesure d'économie, je ne vois que deux types d'actions : ou bien animer moi-même certains ateliers ; ou bien faire du troc, proposer à des associations d'utiliser nos locaux du premier étage, restaurés mais toujours vides, en échange de quelques animations, prodiguées par leurs bénévoles, et gratuites.

Dans l'année qui suit, la Patronne, harcelée par mes propositions, cédera sur quelques expériences. Pour marquer le coup, elle prend contact avec l'office des retraités de la ville et leur offre de venir faire leur « gym douce » dans nos locaux… à condition d'accepter quelques résidants.

Mais ce sont de jeunes retraités, en majorité de soixante à soixante-dix ans, qui font encore le poirier sur leur tapis de sol. Pas vraiment du goût de nos résidants inquiets et arthritiques. Pourtant, j'insiste auprès des plus mobiles et un matin, en jogging, nous nous joignons à nos visiteurs, à quatre ou cinq audacieuses.

– Courez sur place ! Jusqu'à 50. Touchez vos pieds. Twistez votre taille…

– Aïe, aïe, aïe.

C'est trop rapide, trop dur. Bref, pas du tout pour nous. Au bout de dix minutes, je crie grâce. J'avise une chaise qui fait tapisserie. J'essaie de faire la même chose, assise. Peine perdue.

Mes compagnes se sont éclipsées, en douce, au bout de cinq minutes. Échec sur toute la ligne. Cependant le club de l'office des retraités continuera quelques mois à venir s'ébattre sur l'épaisse moquette bleu marine du premier étage.

C'est notre contribution bénévole aux activités de la ville. Ker-Eden leur prêtera même la « salle de réunion », toute réaménagée par mes soins, pour y faire leur assemblée générale. Et ils déjeuneront en bas, au restaurant, à une longue table de banquet. Notre traiteur est ravi de leur facturer directement les repas à 20 euros par personne. Tout bénef' pour lui puisque ni les locaux, ni les cuisines, ni l'électricité ne sont à sa charge. Seulement les victuailles et le personnel de service.

Bernard Seigner encourage ces initiatives. Et si Ker-Eden devenait une plaque tournante, un pôle d'attraction... un exemple pour toute la ville ? Déjà je rêve d'attirer dans nos locaux d'autres associations.

Nous allons même de conserve, Sitting Bull et moi, rendre visite au maire adjoint chargé des affaires sociales. Endimanchés comme si Ker-Eden allait demander la mairie en mariage !

– Aidez-nous, dit mon président, à sortir de notre ghetto. Nous voulons ouvrir notre résidence sur la ville.

Des trémolos dans la voix. Quel comédien ! À force de rouler tout le monde avec ses bonnes intentions, je crois qu'il se roule lui-même. En tout cas, il me bluffe. J'y crois encore. Nous allons restaurer la cathédrale Ker-Eden dans toute sa splendeur d'antan. Qui parle de chef-d'œuvre en péril ?

J'ai décidé de proposer à la directrice deux activités ponctuelles que j'animerai moi-même : « Art floral » et « *Scrapbooking* ». Dans mes cordes, faciles à organiser, gratuites et pas trop difficiles pour les participants. Tous les atouts pour réussir.

Arriverai-je à convaincre Mme Cloarec que je ne suis pas son ennemie et que, si elle voulait bien accepter mon aide, elle aurait tout à y gagner ? Je rêve encore d'une collaboration *winner winner*. Pour en parler gentiment, je l'invite à prendre une tasse de thé chez moi :

– Noël approche ; je vous propose deux ateliers faciles. Quelques notions d'art floral, juste pour faire des petits bouquets, des décors de table avec des branchages passés au *spray* or ou argent, des rubans, des boules, du bolduc frisotté... Comme supports tout peut servir, tasses, bouteilles peintes...

– Pourquoi pas ? Mais il faut des fournitures ?

– Très peu. C'est surtout de la récupération. Je récolterai les branchages dans le jardin de mon gendre et mes petits-enfants collecteront des contenants, barquettes en plastique... La veille, je passerai tous les branchages au *spray*. Voici la liste des fournitures indispensables. Je peux les acheter si vous voulez.

– Non, non. Je les achèterai moi-même. Voyons : mousse sèche (chez le fleuriste) pour piquer les branches, petites bougies, *sprays*, colle forte, fil de fer, bolduc. C'est tout ? Bon, ça va. Et l'autre atelier ?

– Le mot « *scrapbooking* » est bien mystérieux. « Scrap » veut dire « bout de papier ». En fait il s'agit de faire nos propres cartes de Noël avec des *scraps* découpés dans les revues, des publicités.

– Il vous faudra des feuilles de papier à dessin en couleur pour les cartes (rouge, vert, noir...). Quelques marqueurs or et argent. C'est tout ?

– Oui. Je fournis tout le reste. Il faut plus de créativité que de produits. En fait, c'est encore de la récupération.

Elle semble convaincue. Serait-ce la réconciliation entre nous à la veille de Noël ? Encore un peu et nous deviendrons peut-être amies...

– Et les dates ? Pour novembre, c'est trop tard. Le bulletin d'activités est déjà paru. Je vous propose deux séances début décembre à huit jours d'intervalle.

– D'accord.

Je lui rappelle que j'ai besoin des *sprays* or, argent et blanc la veille de l'atelier, pour en vaporiser sur les branchages. L'opération aura lieu sur mon balcon.

– Pas de problème, m'assure ma nouvelle amie.

Dans les semaines qui précèdent les ateliers, je m'active. Ma deuxième chambre est jonchée de cartons pleins de branchages, et de tous mes trésors de récup'...

Début décembre, je commence à réclamer :

– Et mes *sprays* ? mes fournitures ?

– Oui, oui. Désolée ; je n'ai pas encore eu le temps...

– Et la parution dans le bulletin de décembre ?

– Oui, oui. Désolée, il sortira avec quelques jours de retard...

Me voilà à nouveau obligée de la harceler. La force d'inertie, c'est son arme préférée.

J'ai tout, tout, tout prévu… sauf qu'à 15 heures, le jour J, il n'y a pas un chat. Et pour cause, les vieilles chattes font tranquillement leur sieste et ignorent tout de ma prestation. Alors je descends quatre à quatre l'escalier d'honneur au-dessus de l'accueil et, les mains en porte-voix devant ma bouche, je clame de toutes mes forces :

– Votre attention, s'il vous plaît. Avis à la population de Ker-Eden. Dans cinq minutes, tout le monde à l'Oratoire pour une démonstration d'art floral. Vous êtes tous invités à participer et à faire vos propres décors de table…

– Chut, crie l'hôtesse d'accueil, ne faites pas tant de bruit.

Et je crie de plus belle :

– Allez réveiller vos voisins, vos amies. Il y aura des bouquets pour tous…

Finalement j'ai réuni six ou sept grand-mères ahuries par tout ce ramdam.

Même bide pour le deuxième atelier, les « Cartes de Noël ». Mais une confusion avait embrumé leur mémoire. Deux ou trois jours avant mon atelier, sur le bulletin figurait la mention : « Mardi 15 heures. Faisons ensemble l'arbre de Noël et la crèche. »

Ce jour-là toutes les petites grand-mères ont écourté leur sieste pour être au rendez-vous à l'heure. Aider à décorer le sapin : quelle aubaine ! Se rendre utile ; retrouver son émerveillement d'enfant devant boules et étoiles, en installant le petit Jésus dans sa crèche…

Quant à moi, en rentrant vers 17 heures d'une de mes activités extérieures, je demande à mes petites protégées assises dans le hall d'entrée :

– Alors, cet arbre de Noël, c'était bien ?

– Pensez-vous. On s'est encore fait rouler. Finalement, la Patronne, qui tient à tout décider elle-même, était pressée. Elle avait rendez-vous ailleurs vers 15 heures. Alors elle a tout décoré elle-même, avec l'hôtesse à partir de 14 heures. À 15 heures, quand tout le monde est arrivé pour participer... Trop tard ! Tout était déjà fait : le sapin et la crèche. On aurait dû s'en douter. Les autres années, elle ne nous invitait même pas... Elle se fout de nous.

La colère gronde pour les fêtes. Cependant je fais contre mauvaise fortune bon cœur. Malgré les contretemps, mes ateliers ont plu aux résidantes.

– Quand est-ce qu'on recommence ? Pour Pâques ?

Avec les plus délurées, nous avons disposé les plus jolis bouquets blanc et or, bleu et argent à l'accueil et au restaurant. Nous en avons réalisé tellement que nous avons garni tout un grand plateau. Et puis nous sommes descendues à l'accueil pour annoncer nos intentions à l'hôtesse :

– Vous trouverez à l'Oratoire une vingtaine de petits décors de table avec des étiquettes « Bonne année 2009 ». Merci d'en poser un sur chaque plateau-repas des résidants couchés qui ne viennent pas au repas du jour de l'an. N'oubliez pas, surtout, un petit souvenir sur chaque plateau-repas.

– Promis. Promis...

Quelques jours après nouvel an, alors que je traverse l'allée des morts vivants, plusieurs de mes petites amies me hèlent au passage :

– Madame Ravenne, devinez quoi ! Eh bien, tous nos petits bouquets de Noël… ils sont toujours là-haut, au premier étage, abandonnés dans l'Oratoire. Personne ne les a mis sur les plateaux des pauvres vieux solitaires, enfermés, ceux qu'on ne voit jamais.

Et les autres commentent :

– Ça, c'est du Ker-Eden tout craché. L'indifférence…

– On aurait dû s'en douter. On a râlé à l'accueil. Réponse : « On a oublié. »

Elles piaillent toutes à la fois, en colère. Peau-de-Vache a reçu une volée d'engueulades. Les vieilles poules hérissées, ça jacte très fort, surtout quand elles sont en nombre.

– Taisez-vous, mesdames, lance Peau-de-Vache, en faisant de grands gestes, comme si elle les tabassait… de loin. Je n'entends plus le téléphone.

Pour les consoler, je leur propose :

– Si vous voulez, allons les chercher. Descendons les plateaux : rafistolons nos petits bouquets, et allons nous-mêmes les distribuer… à qui vous voudrez.

Nous ajoutons partout des « billets doux », des vœux de bonheur enrubannés.

Tous les passants du couloir se joignent à nous pour nous aider. Et la distribution commence sur place.

La douce Madeleine, qui n'a plus sa tête depuis longtemps, est éblouie. Elle nous demande :

– Je pourrais en avoir un ?

– Oui, bien sûr. Choisissez.

Elle hésite longuement. Ce bleu et or ? Non, plutôt ces petits fagots enneigés… Quelques minutes plus tard elle revient et regarde nos œuvres avec convoitise :

– Je pourrais en avoir un ?

– Mais voyons, Madeleine, vous en avez déjà eu un tout à l'heure.

– Moi ? Non. Je n'ai rien eu. Je vous jure…

La voilà au bord des larmes. Alors on lui offre un deuxième petit décor de table qu'elle s'empresse d'emporter chez elle. Notre hôtesse, peu compréhensive, serre les dents, dépassée par les événements. Elle consigne tout sur son registre.

Perfidement, j'encourage mes amies :

– Encore ? Vous en voulez d'autres pour vos voisins ?

– Oui, oui, oui.

De chez moi, j'ai aussi descendu quelques jolis bouquets que j'avais confectionnés pour le centre social. Tant pis. Je joue les pères Noël… ou les rois mages.

Ce jour-là, j'ai violé tous les interdits de Ker-Eden. Improviser un « *happening* » au restaurant, sans préavis, sans autorisation de la directrice… J'ai hérissé le poil dur de Peau-de-Vache, qui proteste avec véhémence :

– Vous n'allez tout de même pas laisser toutes vos « saletés » par terre, maintenant !

Bien sûr que si. La moquette bleu marine est jonchée de brindilles de sapinette, de rognures de papier. Tout le monde s'en va tranquillement, en riant sous cape, un joli petit bouquet à la main et les yeux brillants de malice.

Mme Cloarec me revaudra ça, pour sûr. Elle a bien raison de se méfier de moi, je ne suis pas fréquentable, nous ne sommes pas « du même milieu » !

8

Les zopilotes

Alors même que je croyais remonter la pente en ce début 2009, alors que je commençais à me prendre pour le « Sauveur » de Ker-Eden, la protectrice des faibles, des opprimés, des vieilles poules plumées, survient un événement qui fiche tout mon édifice par terre.

Début février, ma locataire meurt. Atteinte d'un cancer depuis longtemps, condamnée à des allers-retours répétés entre la résidence et l'hôpital ; cette fois-ci elle lâche pour de bon.

Elle me lâche, moi, sa propriétaire. Et, en me laissant tomber, me précipite au fond du trou. Non pas de chagrin, car je la connaissais fort peu. Son fils, médecin, s'occupait bien d'elle et Mme Le Comte, de l'agence CAB, qui gérait notre contrat de location, avait mis les choses au point dès le départ :

– Désormais vous passez par moi pour toute transaction avec votre locataire, puisque je gère votre compte. Pas d'arrangements entre vous.

C'était Mme Cloarec qui se vantait de m'avoir trouvé une locataire pour mon deuxième appartement. Comme c'était Mme Cloarec qui m'avait fait visiter les deux appartements lors de mes passages en Bretagne début 2007. Cependant, à la signature de l'acte d'achat, je m'étais étonnée :

– Qui donc est cette SCI-BK, ex-propriétaire légale de mes deux appartements ?

– Un groupement de propriétaires dont nous vendons les appartements, avait répondu la directrice.

– Et qui donc est ce cabinet d'administrateur de biens, CAB, qui prend une commission de 8 % sur les ventes, alors que c'est vous qui m'avez fait visiter les locaux ?

– C'est l'agence immobilière qui gère la plupart des appartements de Ker-Eden, s'occupe des ventes, des locations, de la gestion des loyers. C'est comme ça que ça marche ici.

« C'est comme ça » est une réponse que j'entendrais souvent par la suite. La loi de Ker-Eden n'est inscrite nulle part, mais elle est impérative. Les « Tables de la loi » remises à Moïse ! « Tu ne tueras point… (la directrice). Tu obéiras en tout temps et en tout lieu. Tu paieras tes servitudes sans jamais poser de questions… Et tu mangeras ton poids en gâteaux, car Dieu et la directrice t'aiment… »

Je dois dire qu'au moment des déclarations de revenus, j'ai apprécié de trouver le formulaire spécial pour les propriétaires-bailleurs, tout rempli par les soins de Mme Le Comte et de l'agence CAB. Quand même, 8 % de commission sur toutes mes rentrées, c'est bien cher. D'autant que la CAB prend ses 8 % non pas seulement sur le loyer (500 euros par mois), mais aussi sur le total des versements de ma locataire, charges comprises. Or ces charges, sujettes à commission, ne sont pas une rentrée d'argent pour moi, mais un simple remboursement de la quote-part du locataire, déjà payée par moi au syndic, la part « imputable ». Donc tout naturellement, et tout bêtement, je l'avoue, je me tourne vers Mme Le Comte (que j'ai tendance à baptiser Mme « Le Compte », car nos relations sont purement comptables).

Au téléphone elle me répond :

– J'allais vous appeler pour vous proposer de signer avec notre agence un nouveau mandat de location.

Tout de même, je souhaite garder un peu d'autonomie. Alors je précise :

– Un mandat de location, sans exclusivité. Je vous donne juste la priorité. Un mois d'avance, pas plus. Ensuite je vous mets en concurrence avec d'autres agences.

Elle toussote mais ne proteste pas. Au départ, je souhaite juste relouer. Mais au bout de quelques semaines, après mûre réflexion et débats avec ma fille et mon gendre, je change d'avis. Tout compte fait, je préférerais vendre cet appartement qui m'apporte plus de soucis que de bénéfices. Dix-huit mois de loyers, effectivement touchés, amputés de la commission de la CAB pour la gestion, ne couvrent même pas le coût des travaux de restauration entrepris (douche, papiers peints...).

À tout hasard, je propose à ma fille une « donation » de mon vivant :

– Ça te ferait plaisir que je te lègue dès maintenant cet appartement devant notaire ? Cela vous ferait une petite rente mensuelle, en le louant.

Bérangère et Patrick me regardent affolés. À coup sûr, je les perturbe. Puis, ma fille, toujours réaliste, me répond :

– Une rente ? Ou une servitude à payer tous les mois, les charges, si on ne trouve pas de locataire. Tu nous proposes un cadeau empoisonné !

Bérangère a raison et encore, elle est très en dessous des réalités, car elle ignore que, pour un appartement vide à Ker-Eden, on ne paie pas seulement les « charges », mais aussi les « services », ce qui est tout à fait illégal.

Alors j'envoie un mot à Mme Le Comte de l'agence CAB pour lui annoncer que, « tout compte fait », j'ai l'intention de revendre cet appartement, soit vide, soit tout loué, si j'ai déjà trouvé un locataire. Qu'elle m'envoie un « mandat de vente – sans exclusivité ». Je pense lui proposer une bonne affaire. Si des résidants cherchent à acheter un appartement vide pour s'y installer, les investisseurs recherchent l'appartement déjà occupé, c'est plus rentable.

La réponse se fait attendre quelques semaines, ce qui m'étonne. Mais, finalement, la lettre de Mme Le Comte arrive, surprenante :

« Après réflexion, notre agence ne souhaite pas signer un mandat de vente avec vous, car cela nous mettrait en concurrence avec la SCI-BK dont nous gérons les intérêts. Le mandat de location reste valable. »

Ma fille et mon gendre me harcèlent de questions :

– Qu'est-ce que ça veut dire ? On ne comprend rien aux affaires de Ker-Eden. Tout y est si compliqué, si louche...

« Louche » est le mot juste. Je le pense aussi. Sans avoir de certitude, je commence à flairer les multiples magouilles dans les comptes et les « lois » de Ker-Eden. Structures, statuts, pratiques, tout m'échappe ici. Cependant, obscurément, tous les partenaires qui cernent la résidence me font penser à une énorme pieuvre à laquelle nul ne peut échapper.

Dans mes cauchemars animaliers, je suis de plus en plus hantée par ces monstres qui me harcèlent. Mon asthme s'en ressent. J'ai des crises d'étouffement.

Il y a déjà la Patronne, renarde « libre » dans le poulailler « libre » aussi (les vieilles poules plumées). Il y a Sitting Bull, l'autruchon en chef, puisque président du club des autruches, les administrateurs de l'Association des usagers. Tous plus ou moins consentants, sentinelles somnolentes qui ouvrent la porte à tous les prédateurs. Il y a aussi les blaireaux (les prestataires de services), introduits dans le poulailler pour y faire leurs ravages et leurs carnages (le traiteur, les sociétés de ménage, de jardinage...). Et puis il y a les zopilotes, ces grands oiseaux noirs qui reviennent de plus en plus souvent dans mes cauchemars.

Dans le mois qui suit (mars 2009), je signe des mandats de vente et de location avec huit grosses agences immobilières, les plus prestigieuses de la ville, dont mon notaire et le syndic de Ker-Eden, qui font aussi de l'immobilier.

– C'est la crise, me dit-on, baissez le prix de vente. Vous avez un mauvais produit sur un mauvais marché. Baissez.

Je baisse, je baisse. Vendre à perte, pourquoi pas ? Je me résigne. À Biarritz j'ai fait une belle plus-value en 2007. Ici je ferai une grosse moins-value… si je vends. C'est la crise. C'est la vie.

Dans la foulée, je mets des annonces dans la presse, de particulier à particulier. Ma fille en met sur Internet. Je m'agite. Je reçois quelques visiteurs, des investisseurs potentiels. L'appartement leur plaît, tout restauré. Pas les comptes. Ils partent en claquant la porte. Comment leur mentir ? Les charges sont énormes.

– Combien ?

Je tergiverse :

– Ça dépend.

Ils insistent pour voir les relevés de charges, prennent des photos avec leur téléphone portable, font des totaux, des moyennes, la calculette à la main.

J'insiste :

– C'est sûr, je paie très cher pour les sols des couloirs refaits. Mais c'est moi qui ai voté les travaux, c'est donc moi qui paie…

Ils sont peu sensibles à ces petits avantages, mais trébuchent sans cesse sur d'autres servitudes :

– Et ça, « Redevance KODA » : 250 euros par mois, qu'est-ce que c'est ?

Comment leur expliquer ? Je rougis de confusion, car je voyais venir la question piège. J'avais essayé de prévoir un scénario. Impossible d'avouer la sinistre réalité, que la « Redevance KODA » est un « droit de péage ».

Le jour où j'ai déclaré à Sitting Bull qu'il s'agissait d'un « droit de péage », comme au temps des serfs, il a pris son air père noble, outragé, le geste ample, la voix sonore. Son style « Comédie-Française » dans les grands moments de la tragédie :

– Comme vous y allez !

– À qui elle va, cette « Redevance KODA » ?

Sitting Bull, patient, éclaire ma lanterne. Je regroupe quelques données. Quand les promoteurs ont eu fini de construire Ker-Eden, il y a près de vingt ans, ils ont vendu un certain nombre d'appartements à des investisseurs-bailleurs et à quelques acheteurs-résidants. Mais ils ont gardé pour eux environ 40 % du lot. Ils gèrent leurs biens en groupe sous le nom de SCI-BK et perçoivent ainsi la fameuse redevance.

– Mais c'est le nom de la société qui était propriétaire de mes deux appartements avant moi. Ils louent ou ils vendent ?

– Justement. En ce moment, ils changent de politique. Jusqu'ici ils étaient surtout bailleurs, mais depuis peu, ils commencent à liquider une partie de leur lot d'appartements.

– Dont les deux que j'ai achetés.

– Exact.

– Et le groupe CAB, qui a pris sa commission de 8 % sur l'acte d'achat de mes deux appartements ? Quel lien avec les promoteurs, avec la SCI-KB et avec la SCI-KODA qui nous facture le « droit de péage » ?

– Justement…

Petit à petit, je lui tire les vers du nez. En fait, le monstre qui étouffe Ker-Eden a bien des tentacules et je les vois, dans mes cauchemars, par tous les hublots de mes yeux écarquillés. Je suis comme le sous-marin du capitaine Nemo, étreint, au fond des mers, par les cent bras du poulpe, immobilisé par ses ventouses. Peu à peu la pieuvre prend forme réelle. Au cours des réunions du CA, le président Seigner et ses vieux amis et complices font parfois des allusions, entre eux, à des personnages inconnus de moi :

– J'ai vu Châteauduc, l'autre jour…

Je l'interromps aussi sec :

– Qui est ce Châteauduc ?

Alors le trésorier de l'association, un bel homme aux tempes grises, sûr de lui, chef d'entreprise et aussi très proche de Sitting Bull, me répond en clignant de l'œil :

– Châteauduc, c'est l'Arlésienne. Celui que vous ne verrez jamais.

Ma curiosité piquée, je n'ai de cesse de poser la même question à tout le monde :

– Vous connaissez Châteauduc ?

Les hôtesses de la résidence sont évasives :

– Oui, un peu. On le voyait autrefois. Mais il ne vient plus guère.

Mme la directrice a horreur que je pose des questions indiscrètes. Elle esquive :

– C'est un monsieur très bien. Je le connais depuis longtemps. Il a beaucoup fait pour Ker-Eden.

Elle oublie de me dire que c'est lui qui l'a embauchée il y a dix-sept ans, comme responsable des « relations publiques », chargée de faire visiter les appartements à vendre. Elle était alors infirmière, gironde et assez naïve pour ne jamais mettre le nez dans les comptes. Puis elle a été nommée « directrice », plus ronde et toujours aussi nulle en matière de gestion. Tant mieux, elle ne contrôle toujours rien. Et cela arrange bien ses protecteurs-promoteurs.

Châteauduc et elle sont très liés. Elle lui téléphone pour se plaindre de moi quand j'outrepasse mes droits de vieille volaille destinée à passer à la casserole comme les autres. À force d'interroger tout le monde, je commence à reconstituer mon puzzle de mille pièces… autour de l'« Arlésienne ». Il en ressort que c'est lui, apparemment, le chef de tribu des « zopilotes », la mafia armoricaine qui suce le sang des poules captives de Ker-Eden. Autrefois, il y a vingt ans, il y eut un autre chef de gang. Il s'appelait Carvage. Toute la ville connaît son nom. Il n'est pas rare, dans les débats aux conseils de quartier, que j'entende mentionner quelque procès retentissant qui a secoué tout le Finistère dans les deux dernières décennies. La « bande à Carvage » sévissait partout :

– Vous savez, ils étaient les promoteurs de Ker-Eden, entre autres…

Cependant j'apprends que Carvage est mort et que ses deux fils sont moins virulents que lui. Mais le « gang » existe toujours. Un certain Châteauduc… Je sursaute et m'enquiers aussitôt :

– Vous connaissez Châteauduc ?

– Bien sûr. Tout le monde le connaît, ici…

– Je l'inviterai de votre part. Peut-être viendra-t-il un jour, a souri Sitting Bull.

Et il est venu. Au printemps 2009. Entre-temps j'ai récolté le maximum de données. Depuis des années, il a pris la relève, après Carvage, et tissé une toile d'araignée autour de la résidence, une toile opaque, épaisse, gluante, d'où on ne peut s'échapper.

En quelques mois, je reconstitue tout le puzzle. C'est évident, outre les relations entre Ker-Eden et tous ses « partenaires » extérieurs (promoteurs, prestataires de services, administrateurs…), ils sont tous reliés entre eux par un pacte occulte. Et c'est Châteauduc le dénominateur commun. Dans un de mes rêves prémonitoires, je les vois tous attablés autour de l'Arlésienne. On dirait la Cène, Jésus et les douze apôtres. Mais oui, je les reconnais tous, Sitting Bull et ses autruchons, Mme Bling-Bling, et ses cousins blaireaux. Et même le patron du syndic. Tiens, il fait partie du gang, lui aussi ? Et devinez où ils se retrouvent ?

J'élargis le décor dans mon champ de vision virtuel. Bien sûr, ils se réunissent tous au Rotary-Club local. Quel meilleur endroit pour fomenter leurs complots ?

Et moi, petite fourmi si minable, presque invisible, je ramasse les miettes de leurs agapes. Comme Sherlock Holmes, je glane les indices, les observe à la loupe, les relie les uns aux autres. Je crois que je vais enfin percer le mystère d'Eden-Poulailler.

En fait, mon schéma ressemble à la Gorgone, la tête couronnée de serpents menaçants entrelacés. Au centre, il y a Eden-Poulailler et tout autour ceux qui se disent « partenaires », que j'ai baptisés les « zopilotes ».

Dans un premier temps, toutes les flèches convergent sur Ker-Eden. Il y a l'Association des usagers qui gère les services. Puis le conseil syndical des copropriétaires, qui gère les charges, avec le syndic. En fait ce sont les mêmes participants que je connais bien, les « autruches » dont je fais partie. Parmi eux, quelques copropriétaires toujours absents aux réunions, mais présents et puissants de façon occulte, dont Châteauduc. Celui-là est omniprésent dans tous les « gangs » qui gravitent autour de la résidence.

La SCI-BK est propriétaire de près de 40 % des appartements de Ker-Eden. Châteauduc en est le plus gros actionnaire et dirige cette SCI. Ce sont deux de ses appartements que j'ai achetés en 2007, en très mauvais état. Il y en avait peut-être d'autres plus intéressants, appartenant à des propriétaires individuels, mais Mme Cloarec ne m'a montré que ceux-là :

– C'est tout ce que j'ai en ce moment.

Menteuse ! Elle privilégie ses copains de la SCI-BK, et surtout son complice, Châteauduc.

En plus des flèches qui convergent vers la résidence, il y a toutes ces structures, reliées entre elles, cette ceinture périphérique qui oppresse la résidence. On dirait le film d'Hitchcock *Les Oiseaux*. La menace qui vient du ciel obscurci. Et toutes ces pauvres poulettes dans leur poulailler, terrorisées.

Dans la foulée, j'ajoute quelques partenaires « douteux ». Le patron du syndic *play-boy* sur le retour. Un jour, il me raccompagne en voiture, après une réunion dans ses bureaux. Je lui parle de Châteauduc, l'Arlésienne aux multiples casquettes. Il me répond :

– Je lui donne souvent des conseils de gestion. Pauvre Nicolas, il a bien du souci pour vendre tous ses appartements de la SCI-BK.

– J'en ai bien acheté deux, moi. Mais dites-moi, vous lui faites crédit illimité pour payer les charges de tous ses appartements vides ? Sur le relevé des impayés, la SCI-BK est toujours endettée de sommes considérables. Pas de relance pour eux ? Pas de mise en demeure d'avoir à payer… sinon, vente par adjudication ?

– En fait, ils finissent toujours par payer, avec du retard. Ils ont un compte spécial. Je lui dis bien : « Nicolas, tu vas finir par te retrouver en redressement judiciaire, un de ces jours ! »

Donc, ils se tutoient et s'appellent par leur prénom. Ils se menacent aussi, parfois, entre eux. Comme dans toutes les mafias du monde, on pratique un double langage ami-ennemi.

Comme Sitting Bull, le patron du syndic doit jouer double jeu. Lui aussi feint l'amitié avec moi, sourit de mes interventions constantes, en colère… et me lâche au passage des informations compromettantes pour ses prétendus amis. En fait, tout le monde mange à tous les râteliers dans la grande ménagerie de Ker-Eden.

– À propos, conclut le syndic en chef, il paraît que vous faites des misères à Mme Cloarec. Elle s'est plainte de vous à moi… et aussi à Nicolas.

Me voilà fichée à la mafia locale. Menace cachée ? Sous forme de plaisanterie, bien sûr. Quand même, un léger frisson d'angoisse me parcourt la colonne vertébrale. Brrr ! Allez, dans la foulée, j'ajoute quelques blaireaux de plus au gang des zopilotes : les prestataires de services. Ils ont pignon sur rue et jouissent de faveurs spéciales à Ker-Eden. Le traiteur qui a le monopole de la résidence touche un dessous-de-table bien visible sur le compte d'exploitation de l'Association des usagers, sous l'intitulé : « Redevances supplémentaires-repas ». J'en demande l'explication à Sitting Bull qui me répond de façon fumeuse, à son habitude :

– Oui, oui, bien sûr, on leur paie un supplément pour les repas pour ne pas décourager les résidants les plus modestes de déjeuner au restaurant.

– Comment ça ? Vous voulez dire que moi, qui ne prends aucun repas au restaurant, je suis obligée de payer une part de cette contribution aux repas ?

– Oui, par esprit communautaire. À Ker-Eden, c'est important. Vous habitez un T3, donc vous êtes « riche ». Alors vous cotisez pour deux parts de cette redevance, c'est normal.

– Vous trouvez ça normal, vous ? Pas moi. Je connais la clef de répartition de tous les services ici : une part pour un T1, une part et demie pour un T2, deux parts pour un T3. Je paie déjà deux parts de tous les goûters auxquels je ne vais pas, mais aussi deux parts de supplément des repas. Pas étonnant que ma cotisation « Services » me coûte 481,10 euros par mois. C'est injuste.

– L'important, c'est l'esprit communautaire que nous nous efforçons de maintenir. Sinon les plus modestes n'arriveraient pas à payer le coût réel des repas.

– Tout d'abord, je ne suis pas d'accord avec votre « communauté » de Ker-Eden. En venant ici, je ne savais pas que j'entrais dans une secte. De plus, à raison de 8 euros et quelques pour les déjeuners (fort modestes) facturés directement à ceux qui les mangent, ne croyez-vous pas que votre copain le traiteur fait bien son beurre ? N'oubliez pas qu'il ne paie que la nourriture et le personnel. Tout le reste est à la charge de la résidence.

– Vous voyez le mal partout. Il faut bien le motiver, notre traiteur… et s'il allait vous lâcher ?

Sitting Bull soupire. De plus en plus souvent nos conversations tournent à l'aigre. Il est « décideur » à l'Association, mais non « payeur ». Rôle facile. En revanche, les résidants, cotisants muets, totalement soumis aux copropriétaires, leurs bailleurs, sont « payeurs » à cent pour cent et nullement décisionnaires.

La logique du « poulailler libre » de Ker-Eden !

Et que penser de la société de jardinage qui nous facture très cher ses prestations, alors que ce sont de jeunes stagiaires, peu encadrés, qui font tout le boulot ? Les « stagiaires », ce sont les « Nègres » du XXIe siècle, les esclaves de tous les négriers abusifs. Un jour, lors de la réunion de février consacrée à l'approbation des comptes du syndic, une des deux « autruchettes » qui, comme moi, participent au conseil syndical des copropriétaires, pose une question indiscrète :

– On pourrait voir le contrat et le cahier des charges de la société de jardinage ? Ils augmentent systématiquement leurs prix tous les ans, mais en font de moins en moins, sans aucun contrôle.

– Ça n'est ni le moment ni le lieu d'en parler, répond le trésorier de l'Association, toujours pressé de partir.

En fait, le trésorier, copain de Sitting Bull, arrive toujours le dernier, part le premier, se fait excuser le jour de l'AG et ne met jamais le nez dans les comptes, pour ne pas déranger la Patronne. Une société comptable extérieure (très chère) fait les comptes et les bilans et les expose à l'AG.

Alors l'« autruchette », vexée, insiste :

– C'est quand le bon moment et c'est où le bon lieu pour vérifier les comptes ?

Une fois dehors, après la réunion, nous vitupérons de conserve, toutes les trois, sur le trottoir, contre le laxisme de ces autruchons. L'une est propriétaire-bailleur de deux T2, dont l'un est vide en ce moment (locataire décédée), comme le mien. L'autre est la belle-fille d'un vieux couple propriétaire-résidant.

Elle défend vaillamment les intérêts de ses beaux-parents, avec peu de résultats.

Triste printemps. Mon appartement est toujours vide. Pourtant je viens d'y investir une tranche de travaux de plus : sols en planchers flottants, imitation parquet, papiers peints, radiateurs pulseurs à consommation réduite… Mes agences se lassent. Moi aussi. Ma fille aussi.

Du côté de la directrice, c'est le grand mystère. De temps en temps elle m'arrête dans le couloir et me dit, d'un ton confidentiel :

– J'ai fait visiter votre appartement à un couple l'autre jour. Ils l'ont trouvé très bien restauré. Ils réfléchissent.

Avec son passe-partout elle entre dans tous les appartements et fait visiter sans en avertir la propriétaire. C'est son privilège. C'est aussi son gros mensonge. En fait, elle guide plutôt les visiteurs, qu'elle séquestre dès leur entrée dans le hall, et les conduit vers les appartements de ses chouchous, Châteauduc et compagnie, ses protecteurs, ses complices. Reçoit-elle des pots-de-vin quand elle leur trouve un client pour une vente ou une location ? Nul ne le sait.

À la résidence, je bats tous les records. Je suis la poule la plus plumée de l'Eden-Poulailler. Plus de 2 000 euros par mois ! Car le fantôme qui habite l'appartement vide est imposé au même titre que moi : il paie tous les goûters qu'il ne mange pas.

De même, le fantôme doit acquitter lui aussi le « droit de péage » pour hanter les parties communes. Et la comptable ne plaisante pas. Elle met les factures dans les boîtes aux lettres, huit jours avant le début du mois. Au moindre retard, elle relance. Elle harcèle.

Quant aux charges trimestrielles, j'ai maintenant quadruple part (deux parts pour chaque T3), soit en moyenne près de 300 euros par mois chacun, pas loin de 600 euros pour les deux.

Nous y voilà, à deux T3 cela fait par mois 1 000 euros de services + 500 euros de péage + 600 euros de charges. Je dis bien : plus de 2 000 euros par mois à débourser alors que je suis propriétaire. Donc je n'ai ni loyer ni repas à payer à Ker-Eden, puisque je mange chez moi. Et, comme tout un chacun, je règle directement l'électricité, le chauffage, le téléphone…

Même mon fantôme paie l'EDF pour pouvoir recevoir dignement les visiteurs l'hiver : de la lumière et un peu de chauffage.

Bien sûr, ma retraite de cadre, quoique correcte au départ mais si peu augmentée depuis près de vingt ans, ne me permet pas ces folles dépenses : plus de 2 000 euros par mois, 25 000 euros par an ! C'est l'hémorragie.

Après avoir vidé mon compte courant, j'entame mon compte d'épargne, Livret bleu, puis mon compte durable, puis mes placements, mon assurance-vie… En quelques mois, je suis exsangue. Je vois mon petit patrimoine fondre à vue d'œil. Les économies de toute une vie sage et prévoyante. Comme toute bonne grand-mère, je préférerais laisser ce patrimoine à mes enfants et petits-enfants que de l'abandonner à tous les zopilotes de Ker-Eden.

Un jour de grand désespoir, un de ces jours où le ciel breton est aussi sombre que mes idées noires, je décide d'appeler SOS Amitié. Jusque-là tout ce que je connais de cette association, c'est la parodie qui en est faite dans *Le père Noël est une ordure.*

– Ici SOS Amitié. Toutes nos lignes sont occupées. Veuillez rappeler plus tard…

Et si j'avais envie de me suicider, là, tout de suite, comment feriez-vous pour me récupérer avec votre ligne occupée ? La voix poursuit :

– Vous pouvez aussi appeler notre centre de Rennes, numéro…

Je note le numéro proposé. J'appelle tout de suite :

– Ici SOS Rennes, toutes nos lignes sont occupées… vous pouvez appeler Quimper…

On me promène ainsi d'une ville à l'autre. En vain ? Je n'aurais pas pensé que SOS Amitié puisse être « aux abonnés absents ». On croirait entendre le sketch de Fernand Raynaud : *Le 22 à Asnières.* J'en pique presque un fou rire, passant brusquement de la tragédie au vaudeville.

Quand, finalement, d'une ville à l'autre, on me renvoie à mon point de départ, j'essaie de nouveau. Et – ô miracle – il y a quelqu'un au bout du fil. Mais entre-temps, en plein vaudeville, c'est moi qui ai perdu le fil de mes malheurs. Mon histoire est si compliquée et je suis si fatiguée de me la conter à moi-même…

Finalement j'appellerai plusieurs fois SOS Amitié, sans conviction, juste pour voir. Mais cela n'apporte aucune solution à mes problèmes. Je préfère l'action, et même la bagarre.

J'aurais bien besoin d'une « *success story* » pour compenser tous mes déboires. Mais où la trouver ? Hors de mon gagatorium, c'est sûr. Finalement je propose un projet original à la mairie principale qui lance des appels pour les Journées européennes du « vivre ensemble ». Un des maires adjoints, le spécialiste des grands projets culturels, lance un concours. Je propose un atelier de slam intergénérations, suivi d'une déclamation en public. Slamer, je sais faire ; j'animais déjà un atelier de slam à Biarritz. Par contre pour l'intergénérations, je n'ai que moi pour l'instant. Appel à l'aide. Tous les participants d'autres projets et les élus me donnent un coup de main. On me trouve des slameurs dans la région ; les plus jeunes ont vingt ans, mais il y a aussi quelques vieux poètes bretons qui donnent dans le slam. Je baptise mon équipe « InterSlam » et nous nous mettons au travail. Certes, je vais slamer avec les jeunes dans un bouge du vieux port, et il nous faudrait vraiment un endroit plus confortable pour travailler et répéter ensemble.

Une idée géniale me vient à l'esprit. Et si on élisait domicile… à Ker-Eden, dans les salons vides du premier étage ?

J'en parle à Sitting Bull qui explose de joie :

– Voilà qui redorerait le blason de notre résidence ! De jeunes slameurs à Ker-Eden, quelle surprise !

Il pouffe de rire à l'idée de la tête que va faire Mme la directrice : « Ces gens-là ne sont pas de notre milieu… »

Du coup, il propose de m'aider lui-même à aménager notre salle de répétition :

– De quoi avez-vous besoin pour travailler ?

– Pour bien faire, il nous faudrait un tableau de papier… ou alors un tableau blanc mural.

– Pourquoi pas les deux ? J'en fais mon affaire.

Pour une fois, il s'active. Le projet le ravit. Trois jours plus tard, il vient à Ker-Eden avec sa boîte à outils et, dans le coffre de sa voiture, un grand panneau blanc plastifié, de deux mètres de long. Je tiens le panneau au mur, tandis qu'il enfonce les chevilles.

Mme Cloarec feint de s'intéresser au projet. Je lui donne les dates de nos réunions. Ces jeunes slameurs qui débarquent dans notre gagatorium, la casquette de travers et le pantalon « *baggy* », ce n'est pas vraiment sa « *cup of tea* ».

La mairie jouant du tam-tam publicitaire sur ces journées du « vivre ensemble » et sur les projets en cours, je suis contactée par une chaîne de télévision locale qui veut filmer nos répétitions. Cette fois je marque plusieurs points. M. le président Seigner en avise tous les copropriétaires. De l'événementiel ! Cela va booster l'image de marque ringarde de la résidence. Même la Patronne est aux anges le jour où je lui annonce la venue de l'équipe de télévision : cameraman, interviewer…

Parée comme un arbre de Noël, elle fait les cent pas dans le hall d'entrée pour ne pas les rater. Elle croit qu'on va la filmer, elle, Madame la Directrice !

J'en ris d'avance. Pour une fois, ce n'est pas elle la vedette, comme dans la presse locale.

On m'a bien prévenue : une heure de tournage, de bande enregistrée, mais après montage serré, seulement dix minutes à l'arrivée. Tout de même, avant d'entrer, le cameraman fait un zoom d'une seconde sur le grand panneau qui annonce « Résidence Ker-Eden ». C'est tout. Puis il grimpe l'escalier quatre à quatre et installe son matériel en position fixe devant notre table de travail et notre tableau blanc, couvert de rimes et de dates de répétitions.

Arrivés en avance, tous présents, du plus jeune (seize ans) à l'aïeule (moi-même), tous excités ou intimidés, tous filmés sauf… Mme la directrice, qui rôde comme une âme en peine au dos de la caméra. Pas une fois le cameraman n'a braqué son appareil sur elle. J'en ris encore, sale gamine que je suis !

Le jour J, dans la grande salle de la mairie où a lieu le cocktail de clôture du congrès, nous entrons ensemble, toute la troupe d'InterSlam (nous sommes une dizaine), à 18 heures. La foule nous fait une ovation.

– C'est elle, la Mamie-Slam, et lui, le benjamin…

Mais d'où nous vient cette célébrité inattendue ? En fait, depuis une heure ou deux, l'équipe télévisuelle, qui tenait un stand dans la grande salle, passait en boucle la vidéo de nos répétitions. Donc le public nous connaissait déjà…

Comme instigatrice du projet, j'ai eu droit à deux vidéos gratuites ; les autres participants ont eu 50 % de réduction sur leurs cassettes. Généreusement, j'ai offert une de mes deux vidéos à Mme Cloarec, en lui proposant :

– Vous pourriez la projeter ici, un de ces jours, dans la salle audiovisuelle. Cela amuserait les résidants de voir que ça se passait dans nos murs.

– Oui, oui, j'y penserai.

En fait, les résidants n'avaient même pas remarqué l'arrivée de l'équipe télévisuelle, à l'heure de leur sieste. Personne ne leur en avait parlé au restaurant, au micro, où la Patronne disserte de n'importe quoi, la pluie et le beau temps, le menu du jour…

Un mois plus tard, cependant, elle passe la vidéo sur nos répétitions de slam. Sur le bulletin mensuel, une mention minimale, laconique : « 15 heures. Vidéo sur des poèmes » ! Pas de quoi ameuter les foules. Mon nom et mon projet complètement escamotés. Maintenant j'ai l'habitude. Je m'en doutais. À l'heure dite, à tout hasard, je passe voir. Quatre ou cinq grand-mères somnolent dans leur fauteuil, les yeux mi-clos. Elles ne se sont même pas aperçues que cela se passait dans leurs locaux.

Cependant, ailleurs, je continue à slamer avec mes jeunes amis dans les fêtes de quartiers. C'est mon jardin secret, ma seule « *success story* » de l'an 2009. Et cela me fait chaud au cœur. Ce pauvre vieux cœur qui n'a pas encore été dévoré par les noirs zopilotes.

9

Au secours !

Ça ne m'était jamais arrivé. Jamais, au grand jamais, je n'avais crié : « Au secours ! »

Alors pourquoi, ce jour-là, ce dimanche matin, début juillet 2009, ai-je pris le téléphone et, dans un gros sanglot, bafouillé : « Au secours ! » ?

Pourquoi ce jour-là ? Alors que je répandais des litres de larmes, jour et nuit, seule, depuis des semaines. Alors que j'avais démoli plusieurs oreillers, à coups de poing rageurs, en criant ma colère, fenêtres fermées, mais toujours seule.

Il faut une grande lucidité et un certain désespoir pour accepter la réalité : je ne fais plus le poids, seule, devant la vie. Désormais je suis une « *has been* ». Si personne ne m'aide, je coule à pic. Demain je serai Alzheimer.

Ce jour-là, ma vie a basculé. Ce jour-là, je suis devenue l'enfant de mon enfant. Tous les vieux passent par ce cap, un jour ou l'autre, le retour à l'enfance, le besoin absolu de protection. Désormais les rôles sont inversés. On ne protège plus. On demande protection. Ça fait mal, très mal, à l'*ego*. Le mien est en bouillie.

Je lui raconte.

– C'était avant-hier, vendredi matin. J'étais au supermarché d'en face avec mon Caddie plein. Je passe à la caisse. Je sors ma carte bleue… et là… et là…

– Arrête de pleurer. Dis-moi plutôt. Et là… ?

– Ma carte bleue est rejetée chaque fois : « *compte pas disponible* ». « Madame, videz votre Caddie », me demande la caissière. La honte – la honte… comme une pauvresse qui essaie de resquiller.

– Qu'as-tu fait ?

– J'ai vidé mon Caddie. J'avais à peine quelques euros sur moi, en liquide. Je suis rentrée à Ker-Eden avec… un pain tranché et un pack de yaourts nature.

– As-tu appelé ta banque pour savoir pourquoi ?

– Non, j'ai pleuré.

Quelques jours plus tard, cependant, j'ai contrôlé mon compte courant. Pourquoi était-il au rouge alors que je venais, coup sur coup, de vider mon Livret bleu, puis d'attaquer mon PEP pour le regarnir ? Le tonneau des Danaïdes. Mon compte se vidait plus vite que je ne le remplumais.

Me voilà au fond du désespoir. Sans issue. Pas moyen de fuir mon gagatorium et ses servitudes. D'une secte on peut encore s'échapper parfois. De celle de Ker-Eden on ne s'échappe que les pieds devant.

Je suis condamnée à vieillir ici, pieds et poings liés, en voyant mon patrimoine fondre comme neige au soleil. Et quand il sera épuisé ?

Pourquoi ai-je acheté deux appartements à Ker-Eden ? Pourquoi deux ? Et pourquoi acheter quand je pouvais louer ? Et pourquoi est-ce que je n'arrive ni à vendre ni à louer ? Pourquoi ?

Nous nous sommes quittées tristement, ma fille et moi. Je l'ai remerciée sincèrement pour la journée d'« empathie absolue » que je lui avais imposée. Les yeux baissés, elle m'a promis de chercher des solutions. Elle baisse les bras, elle aussi. J'ai démoli le moral de ma fille. Et je n'en suis pas fière. Peut-être aussi celui de mon gendre Patrick, par ricochet.

Mais trois démolis, pensais-je, valent mieux qu'un pour explorer toutes les issues possibles.

Alors j'ai pris une grande décision, contraire à mes principes. Désormais j'irai tirer les cordons d'alarme de tous les côtés. Je m'époumonerai à chercher de l'aide.

Il doit bien y avoir sur la Terre quelques personnes compétentes, compréhensives, militantes pour porter assistance aux vieilles poules plumées dans les résidences privées.

Dans les jours qui ont suivi, la colère a remplacé les larmes. L'adrénaline est source d'énergie : Action !

Sous adrénaline, la gazelle court plus vite que le lion ; le roquet mord plus fort que le bulldog. L'adrénaline a dû booster aussi Bérangère et Patrick. Depuis ce dimanche noir, ils me téléphonent souvent :

– J'ai trouvé l'adresse de telle association de consommateurs… de tel médiateur… j'ai trouvé un texte juridique, le projet de loi Scellier, sur les abus des résidences du troisième âge.

On trouve de tout sur Internet, bonne Samaritaine !

Alors j'ai pris mon bâton de pèlerin pour explorer le marché de l'aide à la protection des seniors. Ma croisade a pris de l'ampleur. J'ai appelé tous les numéros verts, gratuits, tous les Allô « maltraitance des vieux » (physique, morale, financière). Ils sont placardés dans les centres sociaux et dans l'antichambre des médecins.

La force du journaliste, c'est de mettre le scandale sur la place publique. Ce sont deux modestes journalistes qui ont dégommé un président aux États-Unis (Nixon et son Watergate). Alors, pourquoi pas moi ? J'ai bien encore quelques petits relents de modestie : je ne suis qu'une vieille dame tremblotante. Je n'ai plus rien de la jeune journaliste audacieuse que j'ai été.

C'est décidé. Je vais refaire le monde : le pouvoir aux aïeux !

Mon programme marche bien. Première phase : souffrir. Deuxième phase : rêver. Troisième phase : agir.

Ce matin, c'est décidé. Je me lève de bonne heure. Je vais passer à l'action.

10

David et Goliath

Quelques jours plus tard, mon gendre me dépose la liste de tous les organismes d'aide aux vieux dans le pétrin qu'il a trouvés sur Internet, ainsi qu'un projet de loi concernant les résidences privées du troisième âge. Peu enthousiasmant dans ses perspectives, cependant je l'épluche avec attention : « Proposition de loi relative aux résidences avec services pour personnes âgées », déposée à l'Assemblée nationale par le député Christian Blanc, en 2004. Mais la loi n'est toujours pas votée. Optimiste, comme il se doit, fondée sur de nobles objectifs (« une société pour tous les âges », « aider les aînés à rester en bonne santé »).

Ainsi donc, au moins depuis 2004, on est conscient qu'il y a un problème, mais on ne se bouscule pas pour le résoudre. Le texte dénonce « le vide juridique »... mais quand est-ce qu'on pensera à le combler ? Il est précisé qu'aucune loi, à ce jour, ne régit ces « résidences-services », au statut d'associations à but non lucratif (loi de 1901). Et l'on souligne l'incohérence de la situation : « nulle personne ne peut être contrainte d'adhérer à une association (loi de 1901) ». C'est totalement illégal… mais totalement pratiqué en France, pays du laxisme juridique. Les « hors-la-loi » jouissent donc d'une impunité bien confortable et les résidences-services poussent comme des champignons.

Le projet dénonce encore les dégâts de ce « vide juridique » : « En cas de décès, l'héritier doit s'acquitter des services dont le coût s'avère très élevé. Nombre d'héritiers sont amenés à refuser l'héritage de leurs parents, ne pouvant assurer de tels poids financiers. » Le texte évoque « beaucoup de mal à trouver des acquéreurs », des « appartements bradés au tiers de leur valeur », des « résidences en faillite »…

On sait tout et on ne fait rien. Chaque jour de nouvelles familles tombent dans le piège. Suit une série de vœux pieux sur ce qu'il faudrait faire (si l'on voulait bien légiférer). Il suffirait d'« exonérer des services, quand l'appartement est vide ». Il suffirait de « faire participer les résidants-locataires aux assemblées générales et aux prises de décisions ». Il suffirait…

Me voilà consternée. Comment se bat-on contre un « vide juridique » ? Le combat de David et Goliath. J'ai l'air de quoi, moi, avec mon petit lance-pierre contre le géant philistin tout-puissant, sans foi ni loi, pourvu d'une armure invulnérable ? Comment mon pays, qui se dit moderne et démocratique, peut-il, au XXIe siècle, accepter que la seule loi officielle pratiquée soit « la loi de la jungle » ?

La bataille sera rude. Je le sais. J'ai intérêt à m'entourer de toutes les forces vives qui tentent encore de protéger les petits contre les gros. Tout l'été 2009, je le passe à contacter les associations d'aide aux maltraités de la vie :

– Allô, numéro vert du ministère du Travail…

J'ai trouvé ce numéro de téléphone sur une affichette punaisée sur le mur des WC, chez mon médecin généraliste…

– Allô, l'office des retraités…

Chaque fois je trouve des « écoutants » bien entraînés à l'« écoute active » (questions ouvertes plus reformulations). Ils sont aimables, compatissants. J'ai bien du mal à leur expliquer mon problème de façon cohérente, vu la complexité des statuts de Ker-Eden. Finalement, qu'est-ce que je peux attendre de leur part ? Je pose la question chaque fois. En fait : quelques soupirs, un peu d'attention, de très vagues conseils…

Le plus souvent, ils me renvoient à d'autres associations. Ils semblent connectés entre eux. Le ministère du Travail me donne le numéro d'Alma 29 (dans le Finistère). Merci. Mais je les ai déjà contactés. Il y a aussi les médiateurs, les assistantes sociales… Merci. Merci.

En fait, le seul qui me propose une suite, c'est Alma 29, dont le sigle signifie : « Allô Maltraitance » (physique, morale et financière). Les trois sont intimement liées. Surtout pour moi. C'est la maltraitance financière qui me ronge le moral et démolit ma santé de jour en jour. À la fin de l'entretien au téléphone, je pose donc la question :

– Que pouvez-vous faire pour moi ?

Alors que les autres se dégonflent, Alma paraît plus réactif :

– Vous avez le choix. Ou bien vous vous contentez de nos entretiens téléphoniques et vous pouvez nous appeler aussi souvent que vous le souhaitez ; ou bien vous demandez une aide juridique plus précise, vous constituez un dossier et nous le soumettons à une commission constituée de spécialistes (tous bénévoles), avocats, notaires, médecins…

J'opte pour la deuxième proposition. Enfin ! on va s'occuper de moi. Aussitôt je me mets au travail, car on m'a donné la liste de toutes les fiches signalétiques que je dois fournir (CV, statuts, chiffres, preuves…). Les mois passeront et Alma 29 ne me rappellera jamais, malgré le gros dossier que j'ai déposé. Peut-être que s'attaquer à une résidence privée, protégée par un « vide juridique », leur paraît au-dessus de leurs compétences.

Entre-temps, je poursuis mes recherches. Jusqu'au jour où enfin je frappe à la bonne porte : une permanence de la CLCV dans un centre social voisin. CLCV : Consommation, logement et cadre de vie.

Première rencontre : un bénévole, retraité, bon « écoutant ». À la fin, je lui pose la question qui me tarabuste :

– Qu'est-ce que vous pouvez faire pour moi ?

– Je peux confier votre dossier à un permanent de la CLCV, un spécialiste, qui le prendra en main et vous accompagnera tout au long de votre parcours. Il vous suffit d'adhérer à notre association.

Coût raisonnable. J'adhère. Vais-je vraiment trouver un « ange gardien » à la CLCV ? Oui. J'en ai même trouvé deux pour le prix d'un. J'avais remis au bénévole le même dossier, très complet, qu'à Alma 29. Le jour de mon premier rendez-vous avec la permanente spécialiste, elle l'a déjà complètement décortiqué. Devant la complexité du problème, elle a fait appel à une collègue, encore plus spécialisée, du MCE (Mouvement consommation et environnement).

– Elle est beaucoup plus pointue que moi sur les litiges juridiques très embrouillés.

Désormais je rencontre toujours mes deux anges gardiens à la fois, au siège du MCE, juste à côté de chez moi. Plus tard, alors qu'une sincère amitié s'est installée entre nous, elles viennent parfois toutes les deux déjeuner chez moi. Elles arrivent avec des pizzas.

– Comme ça nous aurons plus de temps pour bosser.

En fait, Monique B. de la CLCV donne tant de consultations à son bureau qu'elle croule sous le poids des dossiers. Quant à Béa G., elle va souvent à Rennes, au siège social, pour se tenir au courant de tous les changements de la législation. Puis elle revient dans le Finistère pour animer des séminaires juridiques de haut niveau destinés aux responsables d'agences de consommateurs (dont son amie de la CLCV). Dans les cas difficiles, comme le mien, elle intervient en direct, avec le consommateur.

Me voilà armée jusqu'aux dents ; avec mes deux conseils juridiques, je vais pouvoir faire front, attaquer sec. C'est ce que je fais dès la rentrée. Le 4 septembre, je poste une lettre recommandée, adressée au président Seigner, pour lui signifier que je résilie ma cotisation à l'Association des usagers, de plein droit, et que j'annule les prélèvements mensuels.

Dès lors, dans les nombreuses lettres recommandées que j'enverrai à la moindre incartade de Ker-Eden, je me prévaudrai de « mes deux conseils juridiques ». Parfois elles signeront elles-mêmes certains courriers. Du béton ! Fini le style fleuri et allégorique qui m'est cher.

Ensemble, nous irons fouiller dans les dossiers du syndic, tenu de nous recevoir. Ensemble, nous participerons à des AG tumultueuses. Nous avons « le bon droit » pour nous. Profitons-en pour épingler toutes les illégalités de Ker-Eden, toutes les incohérences de Sitting Bull, qui s'embourbe de plus en plus dans ses argumentaires fumeux. Il nous arrive même de piquer des fous rires en déclamant ses lettres aberrantes. « Votre lettre m'interpelle... », répond Monique. Monsieur le président ne supporte pas cette expression et s'enlise encore plus, pour notre plus grand plaisir.

Il faut dire qu'il est gratiné, monsieur le président Seigner. Surréaliste. Ubu roi.

Sa femme l'a prévenu au téléphone qu'une lettre recommandée était arrivée en son absence. Il ne lui demande ni de l'ouvrir et la lui lire, ni de la lui envoyer. Il s'en fout !

Seulement vers fin septembre, il m'envoie une carte postale délirante : « fallait pas vous donner tant de mal », « faut pas vous énerver », « ça peut attendre », « je vous embrasse quand même ». J'en écume de rage. Merde ! je ne veux pas qu'il m'embrasse comme on embrasse une vieille mémé débile ! Je ne veux pas qu'il laisse moisir mes lettres recommandées.

C'est une manie chez lui de laisser moisir le courrier. Plus tard, c'est Monique – de la CLCV – qui lui adresse une lettre recommandée, avec « mise en demeure » et délai de réponse de quinze jours. Les semaines passent. Rien. Je vois Sitting Bull à une réunion chez le syndic :

– Alors, qu'est-ce que vous attendez pour répondre à la lettre de la CLCV ?

– Je ne l'ai pas encore lue.

– Où est-elle ?

– À la poste.

– Pourquoi n'allez-vous pas la chercher ?

– J'y suis allé. Mais il y avait trop de queue. Alors, je suis reparti. Je repasserai une autre fois.

La notion d'urgence n'existe pas pour ce géophysicien à la retraite qui continue de valser avec le Gulf Stream, en toute sérénité. On ne dira jamais assez les dégâts causés par la force d'inertie. Me voilà bien lotie avec deux ennemis insaisissables : « force d'inertie » et « vide juridique ». La stratégie dite « de l'édredon » est bien connue et répertoriée. Taper dans du mou, c'est se casser la figure, projeté par terre par sa propre force inutile. Je comprends qu'on devienne schizo, qu'on ait envie de tuer. Pas d'arguments. Pas de recours.

Piquée au vif, la rage au cœur, et désormais pourvue de deux armes contondantes, mes conseils juridiques, à mon tour de harceler mes adversaires et de leur imposer ce qu'ils redoutent le plus : le scandale. Toutes les mafias du monde imposent l'omerta, et rompre la loi du silence, en mettant tout sur la place publique, les atteint profondément.

Ce sera donc ma stratégie désormais. Mes anges gardiens sont d'accord. Ce sont des militantes, engagées dans le grand combat de la défense des consommateurs. Elles sont entraînées au corps à corps, au duel entre David et Goliath.

On peut faire beaucoup avec un lance-pierres. Le tout c'est de viser juste, l'œil de Cyclope, le talon d'Achille. Il faut se fier aux grands mythes de l'histoire. Le point faible de Ker-Eden, c'est bien la difficulté croissante à cacher les coûts dissuasifs, les nombreux appartements vides, impossibles à vendre ou à louer, les illégalités permanentes.

Certes le vide juridique encourage les zopilotes à abuser de la situation, mais le marché réagit en conséquence. Ni les investisseurs ni les résidants potentiels ne se bousculent plus au portillon pour acheter un produit si minable. Seuls les gogos (dont je suis) et les familles en grande urgence, faute de place dans les EHPAD, viennent encore larguer leur grand-mère à Ker-Eden, provisoirement, en attendant de trouver une place ailleurs.

Donc, en cette fin 2009, j'ai décidé de mener grand bruit et, sournoisement, de citer sans cesse dans mes propos et mes lettres tous les partenaires de mes anges gardiens, conseil général, répression des Fraudes, DDASS..., car la CLCV et le MCE sont des associations « d'intérêt public », agréées et subventionnées comme telles.

Mes deux amies refroidissent mes élans :

– Non, toutes les instances qui nous subventionnent n'interviendront pas en direct pour contrôler des résidences privées.

– À cause du « vide juridique » ?

– Exactement. Cependant, s'il y a procès retentissant...

– Et la presse ?

– Même chose. La presse se déchaînera s'il y a procès. Sinon personne ne veut risquer un procès en diffamation.

Pour mettre en route nos harcèlements programmés, nous nous saisissons de tous les documents officiels de Ker-Eden cachés avec le plus grand soin : règlement de copropriété, statuts de l'Association des usagers, audit datant de 2005, réalisé par une sociologue...

Le syndic, fair-play et soucieux de sa propre légalité, nous en fournit certains. D'autres demandent un pistage de détective privé, ou presque. J'avais entendu parler d'un procès, perdu en appel par Ker-Eden, il y a quelques années, contre un copropriétaire qui refusait de payer les services pour ses deux appartements vides. Encore fallait-il retrouver la piste, le nom de l'homme, le lieu du procès, le tribunal chargé de l'affaire, etc. Procès à Morlaix, appel à Rennes…

Nous avons finalement mis la main sur la condamnation de Ker-Eden pour « illégalité permanente » en vertu du principe qu'une association (loi de 1901) ne peut imposer à ses membres de payer une cotisation. Tout adhérent peut résilier sa cotisation quand il veut. Mes conseils juridiques me donnent la garantie que j'attends :

– Soyez rassurée. Quand bien même l'Association des usagers tenterait de vous attaquer en justice pour non-paiement de vos deux cotisations-services, en vertu de ce préalable qui fait jurisprudence, elle perdrait à nouveau.

L'été 2009 a été chaud à Ker-Eden, même si le thermomètre monte rarement jusqu'à 20°. La directrice est en vacances en Italie. La comptable et les hôtesses d'accueil sont absentes aussi, à tour de rôle. C'est Solenn, la jolie étudiante en médecine, qui assure la plupart des remplacements. Toute seule, elle a la responsabilité d'une centaine de vieux, malades, grognons, déglingués, fugueurs, perdus, voleurs, pleurnicheurs… et elle ne s'en sort pas. Je bavarde souvent avec elle à l'accueil pour lui remonter le moral.

Un jour je la trouve en pleine crise de nerfs. Une nouvelle venue, totalement A, fait les quatre cents coups à la résidence. Solenn lui court après, sans répit, et me prend à témoin :

– Ce matin, elle a encore volé des réveils, des ciseaux dans tous les appartements du rez-de-chaussée du bâtiment A. Tout le monde laisse les portes ouvertes ici.

– Elle les a rendus ?

– Pensez-vous ! Elle les a cachés chez elle. Puis, au déjeuner, elle a embarqué toutes les serviettes du restaurant.

Les petites mémés, alignées dans le hall, renchérissent :

– Et puis, elle est méchante : elle nous tape quand on l'approche.

– Hier, elle a fait une fugue. C'est la police qui l'a ramenée.

Finalement « la méchante » sera envoyée dans un établissement spécialisé pour « se faire assagir ». Se faire droguer, probablement. Elle reviendra et repartira, encore et encore. Un jour elle disparaîtra définitivement de Ker-Eden. Elle n'aurait jamais dû être acceptée au départ par la direction.

Un autre jour, Solenn m'appelle au secours :

– Je vous en prie. Emmenez-les au premier étage pour discuter avec elles, loin du hall d'entrée. Depuis ce matin, elles sont très énervées. Une certaine lettre trouvée dans toutes les boîtes aux lettres. Elles n'y comprennent rien.

– Je sais. Je l'ai reçue aussi. Lettre envoyée par M. Seigner, président de l'Association des usagers, au sujet de la TVA sur la restauration.

– Je vous en prie. Allez en discuter là-haut…

J'embarque six à huit petites mémés en colère, au premier étage, dans l'ex-salon audiovisuel, aménagé par mes soins en salle de réunion. D'autres viendront se joindre à nous, envoyées par Solenn, à mesure qu'elles se pointent en bas, après leur sieste.

Je m'enquiers :

– Bon. Qu'est-ce qu'il se passe ? Est-ce que je peux vous aider ?

– D'abord c'est qui ce Chenier qui nous écrit et qu'on ne connaît même pas ?

– Il s'appelle Seigner S.E.I.G.N.E.R., et c'est le président de l'Association des usagers.

– Alors, c'est lui le chef, ici ? On n'est pas gâtées ; sa lettre est délirante.

Tout le monde parle à la fois. Sitting Bull a commis une première erreur en envoyant cette lettre collective (« Chers Adhérents ») sans préciser son titre. Personne ne le connaît à Ker-Eden.

– Qu'est-ce qu'il raconte ? Cette histoire de TVA et de subvention. On n'y comprend rien.

Les petites mémés en colère sortent de leur poche la lettre du président toute chiffonnée.

– Alors, comme ça, on paie le traiteur breton par en dessous, en plus de ce qu'on paie sur facture, individuellement ?

– C'est exact.

Décidément le grand-chef-à-plumes commet erreur sur erreur. Il a le don de donner aux autres des arguments contre lui. Et avec force détails compromettants. Je me fais un plaisir de leur montrer le pot aux roses. Nous relisons la lettre ensemble mot à mot :

« La TVA appliquée à la restauration a été réduite à partir du 1er juillet 2009… et pourtant vous ne verrez aucun changement dans vos factures.

« La raison est la suivante : vous savez peut-être [non, personne ne le sait sauf moi] que l'Association des propriétaires qui gère la résidence verse pour chaque repas pris au restaurant une subvention à la société de restauration. Cette subvention est fixée par repas pris au restaurant ; elle est d'autant plus forte qu'il y a moins de clients [*sic !*] ; ainsi la subvention atteint 7,7 % par déjeuner, mais elle frôle les 25 % pour les dîners allégés »...

C'est un tollé général. La vieille volaille piaille à qui mieux mieux, comme si on lui arrachait toutes ses plumes d'un seul coup.

– Quoi ! plus de 25 % le soir pour le « dîner allégé », le bol de soupe et le riz au lait, qui coûte déjà près de 4 euros !

– Mais si on y va de moins en moins ; si on dîne de plus en plus chez soi, le soir, c'est justement parce que c'est déjà trop cher pour ce que c'est ! Chez soi, une soupe en sachet et un laitage en pot, c'est vite fait et ça coûte moins cher.

– Combien ça fait 25 % en plus, en francs ?

– Alors comme ça, moins j'y vais et plus je paie !

Exactement. Même si la mémoire et les maths se font floues dans la tête, les petites poulettes ont encore un bon sens tenace qui les avertit de la grosse magouille de Ker-Eden. Le « Grand Saigneur » va même jusqu'à donner le total annuel : « l'ensemble des subventions-repas représente tout de même une somme de 30 000 euros par an »...

– Quoi ? mais c'est énorme !

– Ça fait combien en francs ?

Tout le monde met en route la petite calculette mentale :

– Euh ! quelque chose comme 200 000 francs ou 20 briques.

– Beau cadeau pour le copain traiteur !

– Mais alors, pas étonnant que la facture mensuelle pour les « services » soit si lourde. Cette « subvention », c'est bien nous, les locataires, qui la payons ?

– Eh oui. Hélas ! Les résidants paient cent pour cent de ce qui est imputé à l'Association. C'est même pour cette raison qu'elle a été créée : refiler le maximum de coûts aux résidants, sans jamais leur demander leur avis.

Ces « 20 briques » leur restent sur l'estomac. Les gallinacés ont l'habitude, faute de dents, d'avaler des petits cailloux pour broyer dans leur gésier ce qu'ils picorent. Mais digérer 20 briques d'un coup, ça vous plombe.

Quant aux promesses douteuses du président Seigner, elles ne passent pas non plus. Selon lui, on va utiliser la baisse de la TVA pour réduire peu à peu la subvention du traiteur, « avec l'intention de la supprimer dans quelques années ».

Ah ! le brave homme que voilà ! Toujours une note optimiste pour conclure ses bafouilles comme ses discours. Demain, on rase *gratis* !

– Demain. Alors les factures ne devraient quand même pas augmenter, en ce moment…

Dame Amélie se gratte la tête. Quelque chose la tourmente. J'explore, à tout hasard :

– Vous avez découvert quelque chose de louche dans vos factures de repas ?

Alors elle lâche la bombe :

– Hier, au déjeuner, un monsieur en colère est allé râler en cuisine avec des factures à la main. En sortant, il s'est arrêté à plusieurs tables, dont la mienne, pour nous prendre à témoin. Le jeune cuisinier venait de l'envoyer sur les roses en disant : « C'est pas moi, c'est mon patron. »

Plusieurs volailles énervées caquettent en chœur :

– Oui. À nous aussi, il nous l'a dit. Il y a eu des augmentations sauvages ces derniers mois sur les factures de repas.

– Sur le tarif hors taxes. Il a dit HT, mais pas TTC, car avec la baisse de la TVA, ça ne se voit même pas.

– Il a dit... Il a dit...

Personne n'a rien compris, mais il était si énervé qu'il a mis tout le restaurant en émoi. Mais qui est ce mystérieux râleur ? Je croyais que j'étais la seule, jusque-là, à éplucher les comptes et à protester. Qui donc est ce « chevalier blanc », ce « Monsieur Propre » que tout le monde traite de héros ?

– On ne sait pas son nom. Il a les cheveux blancs et une canne.

– Il est ici depuis peu...

– Avec sa femme, ils ne viennent déjeuner au restaurant que le vendredi midi, jour du poisson.

– Je crois qu'il a dit qu'il était comptable, à la retraite, bien sûr.

Récemment arrivé. En couple. Comptable. Peu client au restaurant. Une lueur me vient à l'esprit. Et si c'était Jacques, mon voisin de palier, arrivé avec sa femme, Aline, début 2009 ?

J'ai tout de suite sympathisé avec eux. Certes, ils marchent avec une canne, mais ils ont toute leur tête à quatre-vingt-dix ans, chose si rare ici. Avant leur arrivée, leur fils, ex-manager et jeune retraité, a restauré les deux appartements achetés en mauvais état à la CAB, fief de Châteauduc, l'un pour ses parents, l'autre pour sa belle-mère. Regroupement familial. Tous venus de loin (Normandie, Paris…). Tous peu avertis des pratiques de Ker-Eden.

Il faut que j'en aie le cœur net. Est-ce bien Jacques, mon voisin, le vieux coq en colère que l'on m'a décrit ? Je sonne à sa porte.

– Alors, comme ça, c'est vous le preux chevalier, le défenseur des opprimés ? On ne parle que de vous à l'Eden-Poulailler.

– Entrez, me dit Jacques. Je vais vous montrer tout ça.

En bon comptable, soucieux du moindre détail, il a ouvert tout un dossier sur la « bavure » du traiteur breton.

– Nous n'allons au restaurant ici qu'une fois par semaine, car nous préférons déjeuner chez nous. Mais j'épluche quand même la facture mensuelle, directe, du traiteur avec attention. Question d'habitude. Regardez. Augmentation du tarif en avril 2009. Une fois l'an, c'est normal… Quoique cher pour ce que c'est. Mais là, vous voyez, sur les factures des trois derniers mois, des augmentations à peine perceptibles, et non justifiées, sur le coût hors taxes du déjeuner. J'ai failli ne pas les remarquer, noyées dans les baisses, dérisoires, mais justifiées par la TVA réduite peu à peu.

Je ne suis pas comptable ni douée pour le calcul mental. Calculette à la main, nous vérifions tout, à la virgule près. Il y a bien magouille intentionnelle. Pour un peu, personne ne s'en serait aperçu. Ni le président Seigner, ni son copain le trésorier, braves autruches, ni la Patronne.

J'en profite pour faire des photocopies des factures et des comptes. Diffuser, c'est ma stratégie actuelle.

– Vous en avertirez le CA, j'espère ? me demande Jacques.

– J'en ai bien l'intention. Nous avons une réunion importante, prévue pour octobre avec ordre du jour ambitieux, tout ce qu'on a reporté après l'AG de juin.

– Ah bon ? c'est quoi les autres problèmes ?

– Pour octobre, eh bien, je mettrai à l'ordre du jour...

Et je lui déverse tous les problèmes en instance, jamais résolus. Enfin quelqu'un qui s'intéresse aux comptes de Ker-Eden ! Désormais je partagerai mes découvertes avec lui et avec son fils, très intéressé et de bon conseil : le « droit de péage », la redevance KODA, qui lui coûte à lui aussi la bagatelle de 250 euros par mois pour un T3.

– D'accord, c'est un contrat léonin et honteux, commente Jacques, mais comment y couper quand c'est prélevé directement par le syndic, avec les charges ?

– Un « expert » étudie en ce moment le dossier. Nous avons l'intention de proposer de racheter à bas prix ces « parties communes » à la SCI-KODA. En vingt ans, ils ont plus qu'amorti leur location abusive.

Ce que je ne sais pas encore, c'est que l'« expert » va nous claquer dans les doigts bientôt. Après des mois d'inertie, il va se désister : trop compliqué.

– Il y a aussi l'avocat d'affaires qui s'endort depuis des mois sur la fusion possible des deux structures de Ker-Eden.

Mais l'avocat aussi va se désister. Impossible de donner une mine honnête et légale à la résidence... tout en préservant les avantages acquis (et les abus de bien sociaux) de tous les zopilotes affamés. En fait, plus personne ne veut travailler avec la mafia de Ker-Eden. Ça sent le roussi.

En suspens, également, les intentions d'embaucher un jardinier permanent, un vrai comptable, un manager sachant manager... Comme aux Jardins d'Arcadie de Quimper (même chaîne que le Château d'Arcadie, à Biarritz).

Nous avons rencontré, juste avant les vacances, ce directeur performant qui gère plus d'une vingtaine de permanents (cuisiniers, jardiniers, comptables, personnel de maintenance, femmes de ménage, animateurs, gardiens...). Nous rêvons d'un audit comparatif chiffré, point par point. Le manager d'Arcadie n'a pas le temps de s'y consacrer lui-même mais a promis de nous envoyer un ancien collaborateur, à la retraite depuis peu ; il est très au courant des atouts de sa résidence : des coûts raisonnables, un taux de remplissage élevé, une pratique de la DPO (direction par objectifs), et du personnel permanent (peu de prestataires extérieurs).

– On reparlera aussi, à la réunion d'octobre, de la surconsommation d'électricité de Ker-Eden. Cela fait des mois que je bataille pour que l'on éteigne la nuit. Mais Mme Cloarec aime les illuminations jour et nuit, au restaurant, dans les couloirs. Elle proclame :

– Cela rassure les résidants d'avoir un éclairage permanent ; pas besoin de chercher les interrupteurs.

Jacques et Aline sont d'accord avec moi :

– Nous avons remarqué ce gaspillage et le montant beaucoup trop élevé de la facture EDF de la résidence.

– Tout le quartier se plaint des illuminations de Ker-Eden, visibles de loin, la nuit, qui donnent à la résidence des airs de cathédrale. Imaginez Notre-Dame, illuminée jour et nuit, été comme hiver. Le soir, je descends parfois gronder l'étudiant de garde. Je descends parce que le soir l'interphone est arrêté. Je lui recommande de fermer le compteur général avant d'aller se coucher. Et vous savez ce qu'il fait ? Il me regarde, étonné et me répond : « La directrice nous a dit le contraire. »

Je fais des photos de nuit, prises du parking, avec ces coursives illuminées sur quatre étages. Je saoule Sitting Bull depuis des mois pour qu'il donne l'ordre à la directrice et au personnel de fermer le tableau de bord général, puisqu'il y a des interrupteurs dans toutes les pièces et tous les couloirs.

– Mme Ravenne a la berlue. Ce ne sont que des veilleuses.

Faux. Ce sont des ampoules de grosse consommation. Lorsque le nouvel audit comparatif entre Arcadie et Ker-Eden aura été réalisé, on s'apercevra qu'à taille égale (une centaine d'appartements) Arcadie consomme deux fois moins d'électricité que Ker-Eden.

Finalement, je trouve que je suis beaucoup trop modeste, avec mon petit lance-pierres. Je décide de passer à la taille au-dessus : la catapulte. À la réunion d'octobre, ce sont des brûlots que j'ai l'intention de tirer. C'est promis.

11

J'accuse

Depuis que je suis sûre de mon bon droit et soutenue par mes deux anges gardiens, on ne m'arrête plus. J'accuse. Je crache le feu comme un dragon.

À la réunion d'octobre, j'ai bien l'intention de revenir sur le problème des plafonds moisis du bâtiment B. J'ai visité des appartements, pris des photos des plafonds. J'en ai plusieurs pages dans mon album, spécial Ker-Eden ; celui que M. les administrateurs refusent de regarder.

– Vous n'avez pas honte de jouer les prophètes de malheur et de ne photographier que des horreurs ? me reproche le trésorier.

– Et vous, vous n'avez pas honte d'occulter toutes ces horreurs, qui – hélas ! – sont les réalités de Ker-Eden ?

Il est vrai que mon album est gratiné. Il ouvre sur les photos très bling-bling du dépliant publicitaire, le « jardin arboré », le restaurant élégant où de jolies vieilles dames pomponnées prennent le thé, les salons « de bridge », « de gym », « l'Oratoire »...

Et tout de suite après, les réalités : fauteuils et canapés remisés au premier étage, avec leurs auréoles pisseuses, monceaux de livres abandonnés par terre parmi les décors de Noël, locaux-poubelle qui ressemblent à des déchetteries, trous et ornières dans le parking, marécages dans les allées du jardin... Et maintenant plusieurs pages de plafonds moisis.

En juin j'ai obtenu que le président Seigner et les deux autruchettes arrivent un quart d'heure avant l'AG, qui se tient enfin à Ker-Eden, dans la salle de réunion restaurée par mes soins.

– Je vous emmènerai visiter les appartements aux plafonds moisis du bâtiment B. Nous sommes attendus à cinq heures moins le quart.

Et là, une fois encore, Sitting Bull se débine. Il explique aux petites mémés que c'est leur faute, qu'elles aèrent mal.

Après son départ, les vieilles dames pleurent :

– Alors on ne va même pas réparer les toits ?

– Mon médecin m'a fait un « certificat d'insalubrité ». Il voudrait que je quitte la résidence à cause de ma bronchite chronique.

– Ma voisine et amie vient de partir pour de bon, lassée de vivre dans un appartement moisi. Après son départ, le propriétaire a juste donné un coup de pinceau sur les plafonds moisis, et hop ! ni vu ni connu, il a reloué.

Les deux autruchettes et moi partons sans les avoir consolées. Dans le couloir, une porte s'ouvre :

– Psitt ! venez voir cher moi.

C'est Alain, un nouveau venu à Ker-Eden. Le benjamin, avec Gros Roger. À peine soixante-dix ans, célibataire, bon vivant. On se demande ce qu'il fait dans un pareil mouroir.

– C'est parce que j'ai fait des économies toute ma vie pour me payer un peu de confort sur mes vieux jours. Alors, je me suis offert un T2 ici, en location.

Il est bavard. Moi aussi. Il aime bien rire et trouve peu de rieurs au poulailler. Alors il me siffle souvent dans les couloirs :

– Psitt ! vous voulez bien parler avec moi ? Je m'ennuie ici. À la table des hommes seuls au repas, nous sommes huit. Tous plus ou moins Alzheimer, sourdingues, dépressifs et muets. Je n'aurais pas dû venir ici. Je crois que je vais bientôt partir.

Cette fois il nous arrête :

– Non seulement j'ai des plafonds moisis, mais je vous réserve une autre surprise de taille. Entrez donc !

Nous entrons toutes les trois, curieuses. Alain, petit, rond et jovial nous gratifie d'un sourire engageant et nous conduit tout droit à la cuisine. Il soulève le rideau de guipure blanche et nous pousse devant la fenêtre :

– Regardez !

Là, nous restons toutes les trois consternées :

– Non ! ce n'est pas possible !

– Hélas si, répond Alain.

La fenêtre de sa cuisine donne, à deux mètres à peine, sur le balcon de sa voisine, puisqu'il s'agit d'un angle droit entre le bâtiment B et le bâtiment central. Et sur ce balcon…

– Mais, c'est de la merde ! s'écrie une des autruchettes.

– Et, à côté, un tas de mégots.

– Il y en a bien une centaine, dit l'autre.

– Eh oui ! c'est mon spectacle quotidien. Ma sœur m'a fait ce rideau en guipure, un peu chochotte pour un garçon, afin de cacher le spectacle quand je fais ma cuisine. Mais l'été, quand j'ouvre la fenêtre, j'ai de grosses mouches et surtout l'odeur. Quand il pleut, le tas de merde s'étale ; quand il fait du soleil il croûte sur le dessus. Il ne disparaît jamais, car cela fait des années qu'elle y fait tous ses besoins. Vous croyez que c'est convenable dans une résidence chic comme Ker-Eden ?

Je le savais, mais je n'avais jamais constaté *de visu*. Du coup, avec mon appareil photo, j'immortalise le balcon voisin. Encore quelques pages dans mon album des horreurs. M. les administrateurs vont s'étrangler. J'ai déjà eu l'occasion, dans mes audits permanents, de signaler à Sitting Bull la présence à Ker-Eden de « la folle », « la nudiste », une anorexique qui fume toute nue tandis que sèchent ses draps pisseux, jamais lavés, flottant sur son balcon. Je la vois de loin, en contre-bas, de mon propre balcon. Je n'ose pas la prendre en photo, et pourtant quel spectacle : décharnée et blanchâtre, les épaules osseuses, les seins comme des vieilles chaussettes.

Mais – bah ! – c'est du côté jardin, pas de vis-à-vis, sauf les balcons voisins. Alors la Patronne s'en moque, pourvu qu'elle paie sa facture de services. Et « la folle » (comme on l'appelle ici) doit bien payer, car elle est issue d'une famille de notables, connus dans la ville. La mère, riche veuve, a planqué sa fille démente dans un gagatorium chic. C'est mieux qu'un centre psychiatrique. Il suffit de graisser la patte de la Patronne.

Des pots-de-vin ? Je n'ai aucune preuve. Seulement une « intime conviction ».

J'ai rencontré Annic plusieurs fois dans la résidence où elle se promène en électron libre, comme tous les A ici, les gagas, les « désorientés », au risque de mettre le feu à la baraque, ou de causer quelque inondation. Un jour, après une coupure d'eau annoncée, ce fut le raz-de-marée dans tous les appartements. Tout le monde avait tripoté les robinets, sans pour autant les fermer. Quand l'eau est revenue, les résidants étant ailleurs, en bas probablement, tous les éviers et baignoires ont débordé à la fois.

La première fois où j'ai vu Annic, elle était assise par terre, en jogging crasseux, dans le parking, dos au mur du bâtiment C. J'ai cru qu'elle était tombée.

– Voulez-vous que je vous aide à vous relever ?

– Non, je suis bien là. Je prends l'air… et je fume ma clope dehors.

La deuxième fois, il était près de minuit et je rentrais d'un dîner au Troc-Savoirs du centre social. L'étudiant de garde était couché, au premier étage, mais la cathédrale Ker-Eden était illuminée comme toujours. Je pianote le code secret, j'entre dans le hall et là je sursaute. Quelqu'un surgit du restaurant par l'ouverture du claustra, la main dans le dos (pour cacher la clope). C'est Annic « la folle », avec son éternel jogging crasseux, surtout à l'arrière.

– Qu'est-ce que vous faites là, à minuit ?

– Je me promène. Quand je n'arrive pas à dormir la nuit, je me promène…

La troisième fois que je l'ai vue, elle était toute nue à son balcon, en train de fumer, au risque de brûler sa longue tignasse grise de sorcière. Elle est très souple, pas vieille, souvent assise sur le sol en tailleur. Par ses voisines, inquiètes, j'ai su qu'elle faisait parfois ses besoins devant sa porte, dans le couloir, sur la vieille moquette usée, « pour faire chier la Patronne », qui recouvrait ses immondices de morceaux de moquette déchirés. En vain.

Cette fois, c'en est trop. Les deux autruchettes, choquées comme moi, prennent une décision énergique.

– Tout à l'heure, après l'AG, on retient Mme Cloarec pour lui enjoindre de se débarrasser au plus vite de « la nudiste ». Une démente dans une résidence non médicalisée, non sécurisée, c'est illégal et dangereux !

Bravo. Nous sommes d'accord pour intervenir, à trois. Et nous passons un savon à la directrice. Le président regarde, étonné. Mme Cloarec ne se démonte pas.

– J'allais en parler avec la mère de cette résidante difficile… mais elle vient de mourir. La succession est en cours. Une grosse succession, paraît-il, et elle est fille unique. Je suppose que l'on va nommer un tuteur…

– Faites vite. C'est urgent. Et prévenez le propriétaire d'avoir à l'expulser.

– C'est la SCI-BK (c'est-à-dire Châteauduc, encore lui). Ils sont au courant. Mais les loyers sont payés recta ; les charges et les services aussi. Le déménagement devrait être facile, car elle vit dans le plus grand dénuement par goût, sans meubles, avec juste une vieille paillasse par terre... Je vais m'en occuper.

Sur ce, la directrice part en vacances en Italie. L'été passe. Elle revient. L'automne arrive, presque un été indien. « La folle » est toujours là, à poil sur son balcon, entre son tas de merde et son tas de clopes. Donc ce sera sur mon « ordre du jour » pour la réunion d'octobre. Mais je me fais quand même du souci. Qui viendra ? Une poignée de copros pressés de partir. En général une bonne moitié des administrateurs sont absents. Quels sujets aurons-nous le temps de traiter parmi toutes ces urgences, qui deviennent des dérives constantes ?

Le *Titanic-Ker-Eden* vogue à sa perte. Qui s'en soucie ? Moi, la rabat-joie, la Cassandre, la Geneviève Tabouis de Ker-Eden. Tiens, drôle de réminiscence. Moi qui oublie tout, j'ai retrouvé par hasard le nom de cette journalise des années 1960 ou 1970 qui commençait toutes ses prophéties de mauvais augure par :

– Attendez-vous à savoir...

La suite lui donnait souvent raison.

Quant à moi, j'ai tant de catastrophes à annoncer que je ne sais par laquelle commencer. Ah ! j'oubliais dans ma liste : un autre scandale a eu lieu cet été à

Ker-Eden. La pauvre Solenn, l'étudiante de garde, m'appelle au secours :

– Il paraît qu'il y a des « squatters » au premier étage. Vous voulez bien aller là-haut, dans la salle de réunion et tâcher d'éclaircir l'affaire ?

Alors je rejoins mes « petites résistantes » qui ronchonnent en chœur dans l'entrée, avec la grosse voix de Roger, en soliste.

– Qu'est-ce que c'est cette histoire ? Des « squatters » à Ker-Eden ? Montons au premier et expliquez-moi.

– Plusieurs fois, cet été, on a vu passer des déménageurs portant de gros meubles. On a l'habitude avec tous les résidants qui emménagent et déménagent tout le temps.

– Alors, au début, on ne s'est pas fait de souci. Et puis un jour Mme Machin, qui habite au premier, près des salons d'activités, a remarqué que les déménageurs n'apportaient pas les meubles dans un appartement, mais bifurquaient vers le couloir des salons.

– Où ont-ils mis ces meubles ?

– Dans la salle de gym. Je suis allée constater.

– Et les deux bicyclettes de la salle de gym, les agrès, les espaliers ?...

– Ils ont tout largué, en vrac, dans la salle d'à côté, le « salon de bridge », où personne n'a jamais bridgé.

Comme il s'agit de mon territoire, celui que j'ai relooké récemment, et comme nous sommes déjà au premier étage, je propose :

– Allons voir sur place.

Et nous voilà parties en procession, avec cannes et déambulateurs. Gros Roger suit comme il peut, ahanant, traînant son corps éléphantesque. Il ne veut pas en rater une. Cela fait si longtemps qu'il n'était même pas monté au premier étage (par l'ascenseur). Il habite au rez-de-chaussée, bâtiment A.

La porte de la « salle de gym » n'étant pas fermée à clef, je pousse le battant. À l'intérieur de gros meubles disposés de façon fonctionnelle : bureaux, placards à dossiers, fauteuils, ordinateurs, photocopieuses et même quelques plantes vertes. Sans compter les multiples cartons, pas encore déballés.

Les petites mémés se pressent à la porte, pour voir.

– On n'ose pas entrer.

Moi, j'ose. Je franchis le seuil avec la ferme intention de découvrir l'identité des « squatters ». J'ai ma petite idée, mais je veux juste vérifier. J'avise un carton entrouvert, plein de plaquettes publicitaires. J'en étais sûre. Sur la couverture, le sigle et le nom de notre traiteur breton, celui qui a le monopole de Ker-Eden mais a aussi d'autres clients sur tout le Finistère.

Je prends carrément un catalogue et le montre aux résidantes qui ont fini par entrer.

– Notre traiteur breton ! Alors, ce sont eux qui s'installent chez nous, en pays conquis. Personne ne nous en a avertis. Qui leur a donné l'autorisation ? Les administrateurs ?

– Non, dis-je. La demande n'a jamais été mise à l'ordre du jour du CA.

Pourtant, je me souviens avoir entendu le président Seigner me dire, en passant :

– Notre traiteur breton aimerait bien installer ses bureaux à la résidence, car son bail expire pour ses anciens locaux.

– Qu'il cherche ailleurs. Il a déjà une petite pièce qu'on lui a prêtée, au fond, derrière les cuisines. Il y stocke quelques dossiers, un petit ordinateur pour les comptes qu'il fait sur place. Mais Ker-Eden n'est pas son siège social.

Entre-temps Roger nous a rejointes, tout essoufflé. Il s'écroule dans un beau fauteuil directorial et s'écrie :

– Oh ! les salauds ! Alors comme ça, ce sont eux les squatters ! Et je parie qu'ils ont ces locaux à l'œil. C'est nous qui payons la redevance KODA pour marcher ici.

Les petites mémés approuvent :

– Et en plus on leur fournit la lumière, le chauffage, peut-être même le téléphone.

– Moi, dit une autre, j'ai vu des ouvriers, l'autre jour, grimpés sur une échelle, dans le couloir du premier. Ils avaient éventré le plafond. Pour capter les fils électriques et de téléphone ?

Leur colère, contagieuse, se répand comme une traînée de poudre. Dès le lendemain, l'affaire des « squatters » fait le tour du restaurant.

Quant à moi, un autre doute me vient à l'esprit. En rentrant chez moi, je consulte l'annuaire. J'ai vu juste. À la ligne « Traiteur breton », une seule adresse mentionnée, celle de Ker-Eden. Ainsi notre traiteur avait déjà élu domicile chez nous officiellement, avant même que nous en soyons avertis.

Mais qui l'a autorisé ? Sitting Bull, dans sa grande générosité ? La directrice, moyennant des *doggy bags* de plus en plus copieux ? Châteauduc, qui récolte le droit de péage du premier étage, puisqu'il est le gérant de la SCI-KODA qui l'impose, et y logerait gratis son bon copain, le traiteur breton ?

Je n'en sais plus rien. J'écume de colère, mais je tiendrai jusqu'en octobre, date de la réunion du CA. Ce jour-là, je ferai sauter une bombe :

– Qui a laissé des « squatters » s'installer à Ker-Eden, sans l'autorisation du CA ?

J'espère bien qu'ils s'entretueront. J'ai perçu des rivalités de pouvoir entre eux. Désormais j'en jouerai. Me voilà en pleine fronde.

Surtout, ne te dégonfle pas. Cogne de toutes tes forces. Cogne, petit David, vise à l'œil, vise au talon, vise au cœur, vise partout où ça fait mal. Joue-les les uns contre les autres, jusqu'à ce qu'ils se fracassent entre eux. C'est ta seule chance de gagner.

Le jour J arrive. Bonne surprise : il y a une douzaine d'administrateurs présents. Du jamais vu dans le passé. Et ils sont venus jusqu'à Ker-Eden dans « ma » salle de réunion, rendue fonctionnelle par « mes » soins.

Certes, Châteauduc, « l'Arlésienne », est absent ainsi que trois ou quatre des promoteurs de la SCI-KODA (le « péage ») et de la SCI-BK (les copropriétaires associés de 40 % des appartements de Ker-Eden). Ils sont fidèles à leurs habitudes mafieuses, mais ils sauront tout de la réunion par Paul, quarante-cinq ans, qui les représente.

Paul est un collaborateur direct de Châteauduc dans son fief personnel, la CAB (administrateurs de biens), mais il représente tous les zopilotes absents et distribue les procurations aux plus gentils et aux plus soumis des autruchons présents, avec des consignes de vote précises.

Tout de go, je m'adresse à un copropriétaire que je n'ai vu qu'une fois dans le passé à une réunion chez le syndic :

– Vous avez bien fait de venir, nous avons beaucoup de problèmes à l'ordre du jour.

– Personnellement, me dit-il, j'en ai un très grave : un appartement sans locataire depuis des mois.

– Vous aussi ? Bienvenue au club !

Et je lui serre chaleureusement la main. Ce monsieur aimable, plutôt réservé, nouveau retraité, s'étonne de ma remarque. Alors je lui révèle que cela fait neuf mois que j'ai un T3 vide, qui me coûte 1 000 euros par mois.

– Moi, c'est un T2, mais cela chiffre quand même à 750 euros par mois pour un appartement qui ne rapporte plus un sou.

Arrive alors un homme jeune, la cinquantaine, que je n'ai jamais vu au bataillon. Il se présente :

– Duranton. Copropriétaire, très souvent absent, je le reconnais. Le CA m'a envoyé un ultimatum : ou je viens aux réunions, ou on me conseille de démissionner. Alors je suis venu. D'autant plus qu'en ce moment j'ai des soucis : un appartement vide depuis quelques mois.

Je cours vers lui et, ostensiblement, lui serre les deux mains.

– Bienvenue au club !

Chef d'entreprise, il a investi il y a quelques années dans l'achat de deux appartements à la résidence. Mme Cloarec et la CAB lui fournissaient des locataires régulièrement. Sur leurs conseils, il avait mis un de ses deux appartements en meublé, car il y avait, paraît-il, de la demande pour de courts séjours de convalescence après passage à l'hôpital. Nouveau créneau juteux pour les résidences privées en manque de remplissage. Pas toujours loué, mais beaucoup plus cher. Rentable finalement. D'autant plus que les « courts séjours » au départ deviennent souvent par la suite de vraies locations, ou même des achats, faute d'avoir retrouvé santé et mobilité.

Arrive une des autruchettes, Nicole, qui a aussi un appartement vide.

– Tenez, messieurs, je vous présente le club des copros en manque de locataires !

C'en est trop, Sitting Bull supporte mal mon insolence et c'est le trésorier qui abrège sa douleur :

– Si on se mettait au travail ? Ouvrons la séance.

Aussitôt, carambolage. Chacun veut mettre sa propre priorité en tête de liste des sujets à traiter. Les autruchettes insistent pour que le cas de « la folle » soit traité en urgence, car elle met la résidence en péril. Moi, je lance mes deux bombes de l'été, l'affaire de la TVA et celle des « squatters ». Le président Seigner rappelle que les plus gros soucis sont l'inertie (puis la démission) de nos deux experts, celui qui analyse le contrat léonin du droit de péage, et l'avocat d'affaires qui n'arrive pas à concevoir la fusion nécessaire des deux structures de la résidence, le conseil syndical et l'Association. Et, perfide, il ajoute :

– Je porte également à l'ordre du jour la démission de Mme Ravenne de l'Association des usagers, dont elle ne paie plus les cotisations depuis un mois.

J'interviens :

– Justement, je tiens à préciser que, légalement, j'ai le droit de ne plus cotiser à une association loi 1901 qui est en permanence dans l'illégalité. Je tiens à votre disposition le texte du procès perdu par Ker-Eden en appel en 2007, pour cette même illégalité.

Les deux nouveaux venus rappellent qu'ils sont là parce qu'ils ont des appartements vides et exigent des informations honnêtes sur le taux de remplissage réel de la résidence.

Quant à Paul, le représentant de Châteauduc, il lance aussi sa bombe en annonçant que la SCI-BK est depuis peu en « redressement judiciaire » et ne pourra plus désormais payer les cotisations-services de ses appartements vides.

La SCI-BK était déjà très endettée, avec la complicité bienveillante du syndic. Chacun sa priorité. Et l'explosion de tant de priorités à la fois et de tant d'urgences cause un grand tohu-bohu. Les nouveaux venus n'en reviennent pas. Ils n'imaginaient pas une telle pétaudière au CA.

– De quel droit, monsieur le président, prenez-vous des décisions tout seul, sans même nous en parler, comme pour la TVA et les squatters ?

– Vous n'êtes jamais là. Vous voulez ma place ? Tenez, prenez-la !

Non. Personne ne veut prendre aucune responsabilité. Déjà, au conseil syndical des copros, il y a « carence » de président depuis un an, faute de volontaires.

La réunion se prolonge tard, désordonnée. On finit quand même par converger sur quelques points essentiels. Mme Cloarec doit virer « la folle » dans les plus brefs délais. M. Seigner doit virer le traiteur breton du bureau du premier étage.

Le CA de l'Eden-Poulailler bat tous les records d'incohérence. On y trouve exactement l'état d'esprit qui causa le naufrage du *Titanic*. Un livre fort bien fait, paru il y a longtemps (et dont j'ai oublié à la fois le titre et l'auteur, vieille mémé que je suis), un livre témoin, très prisé de tous ceux qui ont un souci de management, un livre accablant, décrit les derniers jours du *Titanic*, beau paquebot tout neuf qui sombra avec ses passagers.

L'iceberg rencontré n'était que prétexte. Le vrai coupable était en fait l'inertie d'un management calamiteux, fort bien décrit dans ses moindres mouvements, d'heure en heure, dans ses dernières divagations. Tout déraillait à bord. Le commandant était en instance de divorce et son second souffrait d'un ulcère à l'estomac (ou le contraire). Il y avait une mutinerie à bord, bien sûr. Le chef mécano (ou était-ce l'homme de guet ?) se saoulait jour et nuit... Même le matériel, tout neuf, ne répondait plus. Les trousseaux de clefs des cadenas des canots de sauvetage étaient perdus. Les tableaux de bord en panne, les sextants déréglés, etc.

Et pendant ce temps, dans les salons très bling-bling, c'était la fête : champagne, petits-fours, toilettes pailletées. Jusqu'à la dernière minute, l'image du bonheur à bord. D'autres bateaux ont coulé depuis, pour les mêmes raisons, l'indigence du commandement.

Le *Titanic-Ker-Eden* dérive : je ne réveillerai pas les autruchons qui roupillent à bord. Je le sais maintenant. Je n'ai plus qu'une idée : fuir. Fuir avec les rats, fuir avant le capitaine et les autres coupables. Fuir en laissant couler mes amies, les petites mémés, et Gros Roger, et le joyeux Alain, voisin de la « nudiste » et…

Que faire devant un naufrage prévu ? Je souffre de mon incapacité à l'empêcher. Si tu survis au naufrage, si des vents favorables te mènent vers quelque rivage providentiel, si tu as encore la force de parler, d'écrire, sois le témoin de ce drame, proclame-le au monde entier… Et tâche au moins d'avertir les générations à venir des risques qu'elles courent à placer pépé, mémé ou elles-mêmes dans des gagatoriums.

Je crois que cette réunion d'octobre 2009, parodie des CA les plus indigents, m'a boostée dans mes résolutions : 1) fuir à tout prix d'abord, 2) témoigner ensuite.

Quand je dis « fuir à tout prix », j'ai même pensé, dans mon désespoir absolu, faire cadeau, par donation légale, de ces deux foutus appartements, grevés de servitudes et invendables, à de bonnes œuvres qui se débrouilleront avec.

Octobre est le mois de mon anniversaire. Un jour, au centre social, à 5 heures de l'après midi, j'ai été prise de violents crachements de sang, par la bouche. Affolement général. Le barbu sympa, le directeur, et son équipage, s'empressent autour de moi. Je pisse le sang de partout. *A priori*, ce pourrait être le nez, mais ça sort par la bouche avec force éructations. On m'apporte tous les rouleaux de Sopalin disponibles. Tandis qu'on appelle en urgence SOS Médecins, le SAMU, les pompiers... Tous sont occupés et annoncent une attente...

Finalement, une ambulance m'amène à l'hôpital le plus proche. J'ai encore plus de 20 de tension, plus d'une demi-heure après le début de mes explosions hémorragiques. La cause ? Un interne, qui m'a prise en main, me l'explique très simplement :

– Vous avez de la chance que la paroi du nez ait explosé la première, sinon ça explosait dans la tête.

– Mais alors pourquoi ai-je tout craché par la bouche ?

– Les violents saignements qui coulent dans la gorge causent des éructations brutales par l'avant, la bouche.

– Qu'allez-vous faire ?

– Rien. Vous vous êtes fait une « saignée » vous-même, comme chez les médecins de Molière. Avec tout le sang que vous avez perdu, votre tension a déjà commencé à décroître. Elle va baisser très vite. Dès que vous serez à 15, je vous renvoie chez vous.

En attendant, vous restez couchée sur votre brancard sans bouger.

Et il me laisse dans un coin des « Urgences », faute de place ailleurs. J'y passe deux heures. Puis – ouste – on m'appelle un taxi et je rentre chez moi.

Cet épisode hémorragique m'a secouée et ragaillardie à la fois. Je suis tout de même une bonne nature, douée d'un instinct de survie exceptionnel, puisque j'éructe ma tension avant qu'elle n'explose dans ma tête.

Étant une vieille dame, j'ai le droit d'écrire un livre de vieille dame, impulsif, écorché, sautant du coq à l'âne. À quatre-vingts ans, on n'écrit plus les mêmes livres qu'à quarante ans, mais on a encore droit à la parole, à l'écriture. Je ne veux pas que l'on parle de moi à ma place. Je veux parler moi-même.

Que l'on me pardonne donc mes aigreurs d'estomac, mes éructations, mes outrances. Ma démesure est à la mesure de mon angoisse. Pas jolie, la répétition. Disons plutôt : ma démesure est à l'« aune » de mon angoisse. Gâteuse et aigrie, certes, mais toujours littéraire, jusqu'à mon dernier souffle cacochyme.

Statistiquement, je n'ai plus que six mois à vivre. Selon une enquête officielle, les seniors en maison de retraite ne survivent que deux ans pour les hommes, et trois ans pour les femmes. Le milieu hostile des mouroirs n'est pas bon pour la santé. Je suis arrivée à l'Eden-Poulailler en mai 2007, je devrais en partir, les pieds devant, en mai 2010 : dans six mois. À moins que…

La réalité, en ce gagatorium très bling-bling, confirme les statistiques. Il y a un ballet permanent d'ambulances et de corbillards devant l'entrée. On ne sait jamais qui est dedans. Si l'on rencontre des brancards dans les couloirs, pas le temps de regarder qui est sous la couverture. Même Gros Roger n'arrive plus à comptabiliser entrées et sorties :

– Qui est mort aujourd'hui ? J'ai vu les pompes funèbres.

– On ne sait pas.

– Mais il y aura un trou à table, peut-être...

– Pas suffisant, les trous ça veut dire aussi : « à l'hôpital », « parti ailleurs », ou « désormais grabataire »...

Donc, en cette fin 2009, sinistre et bagarreuse, dans les harcèlements et les représailles, j'organise ma survie en « pays hostile » comme je peux. Et d'abord j'appelle à la rescousse tous mes « maîtres à penser ». « Au secours », soufflez-moi des idées ! Je me meurs de désespoir...

Je suis devenue l'« individu affolé » décrit par le docteur Jean Maisondieu. J'ai peur de craquer définitivement, de lâcher prise. Chute définitive en Alzheimer, maladie de l'angoisse.

En douce, j'emmène au lit avec moi les amants de mes vieux jours : Bruno Bettelheim, Gaston Bachelard... et tous les autres, ceux que je n'ai pas encore eu le temps de vous présenter, soit, dans le désordre : Emerson, pape du transcendantalisme, *made in USA*, Ling Yutang, disciple de Confucius et du *New Deal* américain, Yvon Gattaz, ex-patron du CNPF, avec qui j'ai fait quelques « coups fumants » inoubliables, Machiavel, bien sûr, mon maître à penser stratégique, de Gaulle, Shakespeare, Martin Luther King (« *I have a dream* »), Martin Winckler (*La Maladie de Sachs*), Rabindranath Tagore, Zola, Obama, le docteur Denis Labayle (*La Vie devant nous*, *Pitié pour les hommes*), Voltaire, Ruquier, Malraux, Grand Corps Malade, Roosevelt, Raymond Devos et quelques autres ratons laveurs...

Tous ont été mes amants, l'espace d'une nuit... ou de plusieurs, amants des Mille et une nuits, si je m'écoutais, amants putatifs, mais non moins bandants.

À quatre-vingts ans, on a les orgasmes que l'on peut.

12

Le papillon et le sarcophage

Si statistiquement il ne me reste plus que six mois à vivre, il est temps que je m'accroche. Je veux vivre encore un peu. Juste le temps de sortir mes enfants du pétrin où je les ai mis avec l'héritage de mes servitudes. Juste le temps de témoigner, d'écrire ce livre accusateur, plaidoyer pour tous les vieux plumés, harcelés, torturés.

Mon Dieu, donnez-moi juste le temps de boucler ces deux tâches ! Je suis si fatiguée en cette fin 2009. Mon corps est devenu un sarcophage. Il ne répond plus à mes besoins. Diabète, tension, asthme, en délire permanent. Quant à ma polyarthrite, c'est elle qui me plombe le plus au quotidien. Clouée au sol. Lombaires, hanches, genoux, épaules, jusqu'à la plante des pieds, toutes mes articulations se grippent les unes après les autres. Je ne conduis presque plus. Avec une coxalgie (hanches), on n'arrive même pas à soulever la jambe droite pour monter dans une voiture ; avec une tendinite au bras droit, on ne peut plus passer les vitesses… Et comme je ne marche plus guère, je ne vais plus nulle part.

En deux ans, j'ai vieilli de douze ans. Peu à peu, je laisse tomber toutes mes chères activités au centre social, au conseil de quartier de la mairie…

– L'important, me disent les braves gens, c'est d'avoir encore toute sa tête !

Faux ! Une tête sans ses jambes ne va plus nulle part. Enfermée à la maison, elle entre en grande solitude et dépérit à vue d'œil. C'est ce qui m'arrive.

J'ai un papillon dans le sarcophage. Qu'il est fragile le petit papillon qui voudrait bien virevolter encore un peu, de par le monde des vivants. Il y a quelques années, un ex-journaliste dont j'ai oublié le nom écrivit un livre en ne communiquant qu'avec des battements de cils. Je n'en suis pas encore là, mais mon champ d'action diminue chaque jour. Force est de m'y adapter.

Ma main droite tremble tellement qu'elle ne peut plus rien pianoter. Des fausses notes partout, sur tous les claviers, calculettes, téléphones… Alors j'ai donné calculettes et portable à mes petits-enfants. Au supermarché, quand je rate pour la troisième fois le numéro de ma carte bleue à la caisse, je suis toute déconfite. Renoncer ou écrire le numéro sur un bout de papier et le tendre à la caissière pour qu'elle tape à ma place. Et après, inquiète, je reprends le bout de papier et je le mange. On ne sait jamais, si quelque gredin aux aguets me dérobait, trois pas plus loin, ma carte bleue et son numéro ?

J'en deviens parano. Quant aux ordinateurs, je n'essaie même plus. Claviers trop petits. Écrans trop lumineux pour mes vieux yeux, et tachés de pointillés bruns qui rendent toute lecture impossible. Certes, j'ai quatre paires de lunettes et j'ai été rafistolée de partout : multiples séances de laser sur mes vieilles rétines, débouchages des canaux déférents au coin des yeux et deux opérations de la cataracte, réussies, bien sûr, mais suivies, chaque fois, de zonas oculaires. L'horreur, des semaines couchée dans le noir, les yeux fermés… et à hurler comme si on me brûlait au fer rouge. Il m'en reste des séquelles, cicatrices, plis, épaississements de la cornée devant l'iris. Pour moi, le monde entier est désormais couvert de taches de rousseur indélébiles, les gens, les objets, ce que je lis, ce que j'écris. Je suis dans ma période « impressionniste ».

Des cristallins tout neufs, certes, en silicone – comme les seins –, mais dans mes cauchemars, ils se mettent à exploser, gorgés d'une gelée jaune et débordante. Je me réveille en sursaut… Décidément, je regarde trop la télé.

Tout ça, je le dois aux bons docteurs et aux chères officines pharmaceutiques qui, bien des fois, m'ont causé plus de dégâts que de bienfaits, hospitalisations en urgence pour crises d'asthme graves, près du seuil de non-retour… pour avoir consommé anti-inflammatoires ou bêtabloquants. Allergies et eczémas pour cause de pénicilline. Une rupture du tendon d'Achille, sans chute, six mois à claudiquer avec des béquilles et toujours une faiblesse à la cheville gauche, causée par un antibiotique redoutable. Je ne sais même plus si j'ai pris du Médiator ou pas. Peut-être. De l'Isoméride oui, beaucoup, interdit depuis.

Et de l'Ixprim, depuis deux ans, en alternance avec la morphine à haute dose. Droguée, accro, moi qui ai horreur de ça. Et le Rivotril, chaque fois que j'ai de terribles névralgies crâniennes ou faciales, pour les « épileptiques », selon la notice. Mais je ne suis pas épileptique ! Seulement neuropathe. C'est de même nature, me dit-on. Méfiante, je diminue les doses. Je n'hésite pas à me sevrer, dès que je peux, tant je préfère la souffrance physique à l'état comateux où toutes ces drogues me mettent. Quand, la bouche ouverte (faute de pouvoir animer ma mâchoire pour la refermer), je reste des heures, avachie dans mon fauteuil, devant la télé, sans même comprendre ce qui s'y passe. Qui sont ces gens ? De quoi parlent-ils ? Ils ressemblent à des poissons rouges dans leur aquarium.

– Apprenez à dire « non », m'ont conseillé les deux seuls médecins qui m'ont appris l'autonomie, mon pneumologue et mon diabétologue de Biarritz.

– Dire « non », même à des médecins ?

– Surtout à des médecins et à tous ceux qui mettent votre santé en péril, principalement les laboratoires pharmaceutiques.

Je répugne à me plaindre, mais cessez de me demander tout le temps comment je vais. Vous me forcez au mensonge bienséant :

– Bien, merci, et vous ?

Ou alors je vais vous dire ce que je pense vraiment :

– Je vais mal. J'ai mal partout. Mais comme vous n'avez pas l'intention d'écouter ma réponse, alors, foutez-moi la paix et cessez de me poser des questions idiotes !

C'est hélas ce que pensent les vieilles gens quand on les assaille de « Comment allez-vous ? » mielleux.

Ils pensent « merde » mais disent « merci, très bien », ouvrant ainsi la porte à la schizophrénie. J'ai déjà un sarcophage à porter. Aidez-moi plutôt à libérer le petit papillon fragile qui voudrait tant prendre son essor.

Je l'ai baptisé « Anima ». Dans mes souvenirs de latin, il y a deux mots pour désigner l'âme : « animus » et « anima ». Le premier porte les vertus mâles du courage et de la vertu. Le deuxième, la grâce, toute féminine et fragile, du souffle vital.

Le petit papillon qui s'échappe encore de ma vieille carcasse est bien l'ultime souffle de survie qui m'anime encore.

« Anima » veille au grain et défend chèrement ma peau. La nuit, quand je me réveille en sursaut, couverte de sueur, Anima sonne l'alarme : « Ça ressemble à une hypoglycémie, vite, secoue-toi ! »

J'ai la chance de ressentir assez vite les menaces de coma diabétique : tremblements, bouche sèche, langage pâteux, comme celui d'un ivrogne, raison brouillée… Aussitôt je fais le test de la table de multiplication dans ma tête : 7 × 9 ? (ou autre). Si je réponds « 63 », j'ai encore quelques instants pour faire mon contrôle glycémique. Mais si je dis « Euh… », incapable d'aller plus loin, alors vite, j'avale d'abord trois morceaux de sucre et je ferai le test après si mes mains tremblantes et ma tête embrouillée veulent bien. J'ai tout le nécessaire dans ma table de nuit, sucres rapides (en morceaux), sucres lents (biscuits salés ou peu sucrés). Et, bien sûr, tout l'attirail : glucomètre, bandelettes, stylo piqueur, carnet de contrôle...

Et même du Glucagon dans mon frigo, en piqûre intramusculaire, ultime recours quand on est déjà dans le coma. Trop tard pour avaler quoi que ce soit, sous peine de s'étouffer. Mais pourquoi avoir du Glucagon dans le frigo, quand on vit seul, sans personne à la maison pour faire la piqûre salvatrice ? « Parce que..., disent tous les médecins. Ne discutez pas. C'est ce qui vous sauvera peut-être la vie. »

Malgré bien des avanies, je suis toujours en vie. Merci docteur C., endocrinologue, de m'avoir enseigné l'autonomie. Je vous ai classé au panthéon de mes dieux, demi-dieux ou héros, avec tous ceux qui m'ont aidée à survivre.

Il n'en va pas de même à Ker-Eden où les diabétiques tombent comme des mouches, surtout les hommes. Dans les résidences non médicalisées, la survie est assurée quelques instants par jour, lors des passages rapides des infirmières extérieures, matin et soir. Le reste du temps... on meurt. On meurt de « non-assistance à personne en danger ». Même avec un ou une conjointe à son côté. Même avec une directrice ex-infirmière. Même avec une hôtesse d'accueil ex-diplômée. Même la nuit, avec un étudiant en médecine dans le bâtiment. On meurt d'indifférence.

Deux hommes diabétiques en ont fait les frais, tous deux mes voisins. Pas de Glucagon dans leur frigo mais trop de bouteilles dans les placards. Diabète et alcool font très mauvais ménage. Surtout la nuit, à jeun. Suicides ou accidents ? Allez savoir '

Les hommes supportent plus mal que les femmes les contraintes des maisons de retraite. Leur taux de suicide est plus élevé. Ils se ratent moins (fusil, pendaison, défenestration, autres accidents...). Pour les femmes, c'est plutôt somnifères et grève de la faim.

Mes deux voisins jouissaient d'un « petit diabète », paraît-il, bien réglé, d'épouses attentives, mais pas entraînées à piquer avec du Glucagon. À l'hôpital de Bayonne, on entraînait les conjoints à faire en urgence une piqûre intramusculaire de Glucagon... sur une escalope de veau (qui a la même texture que le fessier).

Mais à Ker-Eden, où tout le monde est censé être autonome, selon le prospectus, en fait tout le monde est assisté, ignare, entièrement dépendant de son infirmière extérieure, trop rare. Ces messieurs étaient « froussards », selon leur épouse, et ne faisaient même pas leurs contrôles de glycémie au bout du doigt, encore moins leur piqûre d'insuline dans la cuisse ou dans la bedaine, attendant tout de l'infirmière de passage.

Le « coma diabétique » frappe quand il veut, souvent la nuit. Quand les époux font chambre à part, on retrouve le défunt le lendemain matin dans son lit, froid. Trop tard. Suicide ou crime de négligence ? Les deux, mon général.

Moi, je suis toujours là. Sans conjoint, sans infirmière pour m'assister et avec mon « gros, gros » diabète, depuis trente ans. Je survis. Anima me réveille au bon moment.

Il me revient à l'esprit une citation découverte au début des années 1950, alors que je préparais un certificat de littérature américaine en Sorbonne. Emerson, pape des transcendantalistes américains, et une de mes idoles d'alors (avec Gaston Bachelard), avait écrit : « Pour labourer droit, il faut atteler sa charrue à une étoile. » Soixante ans plus tard, j'attelle mon sarcophage à un papillon, c'est tout comme. Et ça marche, je laboure. Mais quel dur labeur pour un petit papillon !

Heureusement, j'ai toujours mes anges gardiens (de la CLCV et du MCE) pour m'épauler. Nous bossons sans répit, défrichant tous les statuts de copropriété, règlements intérieurs, documents liés au procès perdu par Ker-Eden.

Je me suis équipée d'un troisième conseil juridique, moins engagé et militant cependant que mes deux amies, qui œuvrent pour la défense des consommateurs. Il s'agit de Mme Baron, conseillère juridique professionnelle chez mon assureur :

– Avez-vous l'assistance juridique par votre assureur ? me demande un jour Béa.

– À vrai dire je n'en sais rien. Je vais chercher.

Oui, je l'ai. C'est écrit sur mes contrats (appartement, auto, vie). Tant mieux. Plus on est d'emmerdeurs…

Mme Baron est moins chaleureuse que mes deux autres conseillères, mais c'est une vraie pro ; elle connaît sur le bout des doigts les arcanes de la justice, toutes les étapes des procès, assorties de toutes les participations ponctuelles qu'elle peut me proposer, financièrement et administrativement.

Seulement voilà, mes deux anges gardiens viennent travailler chez moi, à midi, une pizza à la main, quand je n'arrive plus à grimper les deux étages si raides qui mènent au bureau de Béa au MCE. Les élus de la ville, toujours aussi peu réalistes, ont installé trente ou quarante associations vitales dans une vieille école désaffectée et délabrée, sans parking ni ascenseurs. Donc inaccessibles aux vieux, aux handicapés et même aux jeunes mamans avec des poussettes. Partout, dans cette grande ville armoricaine, des plaquettes enthousiastes sur la défense des seniors, l'accessibilité, la mobilité... Mais ce ne sont que chartes et vœux pieux. Dans la réalité, pour l'accessibilité, c'est zéro pointé.

En cette fin 2009, ma santé va très mal, mais mon moral est au beau fixe, car je me bats vaillamment et avec des supporteurs costauds, qui me laissent espérer qu'un jour, peut-être, j'en sortirai.

Je rêve trop, comme toujours. Cependant, les perspectives de procès, dont je menace sans cesse mes adversaires, sont moins positives pour moi que je ne pensais. En gros, j'ai pour moi la loi et la jurisprudence. Mais en fait, vu la complexité des structures de Ker-Eden, je risque de m'embarquer dans un parcours du combattant semé d'embûches. Mme Baron nous expose les étapes et les enjeux :

– Tout d'abord pour le procès perdu en 2007 ; en appel, c'est Ker-Eden qui a porté plainte contre un copropriétaire qui refusait de payer les services pour ses deux appartements vides. Dans votre cas, c'est vous qui attaqueriez pour tenter de récupérer le trop-versé pendant deux ans. On peut arguer qu'il ne fallait pas payer au départ. « Qui ne dit mot consent. »

– Mais je ne savais même pas que c'était illégal. Je payais parce qu'on me l'imposait.

– Nous tenterons cependant de réclamer un remboursement chiffré, à la virgule près. Faites-moi les comptes, avec justificatifs de toutes les factures. À combien en êtes-vous actuellement ?

– 1 000 euros par mois pour les services de l'Association, pour deux appartements. J'ai cessé les paiements depuis septembre. Mais au total, depuis mon arrivée, j'ai déboursé plus ou moins 21 000 euros de services (inexistants).

– J'écrirai personnellement la « mise en demeure », remboursement possible à l'amiable, avant le dépôt de plainte. D'autre part, je dois vous prévenir que nous aurons à faire plusieurs procès successifs, vu la complexité des structures de Ker-Eden, si vous voulez rentrer dans vos frais.

– Comment ça ? J'ai du mal à vous suivre.

– Ce n'est pas par hasard que tous les partenaires de Ker-Eden, bien que complices, ont des structures différenciées. Il faut donc les attaquer un par un.

Béa et Monique acquiescent. Pas moyen de grouper toutes les illégalités de Ker-Eden en un seul procès. Je commence à avoir des sueurs froides.

– Et pour bien faire, qui dois-je attaquer et dans quel ordre ?

– Eh bien, l'Association des usagers d'abord (via M. le président Seigner) pour récupérer vos 21 000 euros de « trop-payé », obtenus par intimidation et sans contrat réel. Puis la SCI-KODA pour récupérer la redevance-péage imposée par un contrat léonin. Comptez au moins deux ans pour chaque procès. C'est l'argent obtenu lors du premier procès, si vous le gagnez, qui vous permettra de financer les frais du deuxième (avocat, etc.).

– Et votre « assistance juridique » dans tout ça ?

– À chaque étape, des conseils et une petite participation financière selon un barème préétabli.

Au passage, Mme Baron me donne quelques pourcentages. C'est très, très peu. Béa et Monique, devant ma mine déconfite, me rappellent le processus de notre collaboration :

– De toute façon, c'est vous et vous seule qui décidez d'ouvrir le premier procès ou pas, le deuxième ou pas... Nous avons pour principe déontologique de vous apporter tous les éléments pour faciliter vos décisions, mais de ne jamais bousculer votre libre arbitre.

– Et après ?

– Troisième procès possible et justifiable : la SCI-BK, ex-propriétaire, qui vous a vendu ces deux appartements sans vous informer des servitudes qui pesaient sur eux.

– C'est toujours Châteauduc, l'homme tentaculaire. Y a-t-il d'autres procès possibles... et gagnables ?

– Oui, tous les autres responsables de cette situation difficile et jamais négociée au départ. Soit, quatrième procès : le syndic pour complicité, en prélevant d'autorité cette redevance-péage. Cinquième procès : le cabinet immobilier qui vous a fait signer les actes de vente.

– Toujours Châteauduc et compagnie.

– Et enfin, sixième procès possible : votre notaire, qui a vocation *a priori* de conseil en patrimoine et aurait dû flairer ces arnaques et vous en prévenir, d'autant plus qu'il habite cette ville et que c'est Ker-Eden qui l'a désigné.

Au secours ! Je ne veux pas passer le peu de vie qui me reste en procédures, ni laisser des procès en cours à mes enfants et petits-enfants. Finalement, ils ont bien raison, les zopilotes, de profiter de la situation. Ils jouissent d'une telle impunité. Les vieux sont des proies rêvées. Qui fait des procès à quatre-vingts berges ?

– Vous pourriez aussi par voie de justice exiger que Châteauduc et compagnie, la SCI-BK, vous rachètent les deux appartements qu'ils vous ont vendus, avec toutes leurs servitudes occultes. À propos, vous l'avez rencontrée, l'Arlésienne ?

– Oui, un jour, Sitting Bull nous convoque, les administrateurs et moi. Châteauduc veut nous voir. Rendez-vous sur son terrain, dans son fief, la CAB, c'est-à-dire à côté du bureau de Mme Le Comte, sa chère collaboratrice. Certes, il perd de l'argent avec la SCI-BK, vu le nombre d'appartement vides qu'ils ont à Ker-Eden, mais il en gagne beaucoup avec la SCI-KODA (le péage), dont il est le gérant, et avec son cabinet personnel d'administrateur de biens, la CAB, qui a le monopole ou presque des ventes et locations de Ker-Eden.

– Ce qui explique le cloisonnement étanche entre toutes ces structures. Système d'arnaque bien huilé. Quand l'une perd de l'argent et se retrouve endettée, en redressement judiciaire, les créanciers ne peuvent se retourner contre les autres structures.

– Grâce à vous, j'ai enfin compris le système de vases communicants, ou pas, selon les intérêts du moment.

– Alors, racontez, à quoi ressemble-t-il, ce Châteauduc ?

– J'ai posé la même question à Sitting Bull, l'été dernier, juste avant les vacances. Il m'a répondu : « Je dirais qu'il ressemble à l'aîné des frères Dalton – Joe Dalton, je crois. Le bandit cow-boy. »

Il appelle le président Seigner par son prénom, « cher Bernard », ainsi que le trésorier « cher Alain ». J'ignorais leur intimité.

– Et avec les autres membres du CA, quelle position ?

– C'est fou ce qu'il nous aime. Si désolé d'être absent, mais les affaires, n'est-ce pas… et il a une telle confiance en nous ! Il nous porte aux nues. Qui l'eût dit ? À peu près en ces termes : « Je compte sur vous tous d'ici à un mois ou deux, vous me faites des propositions précises, chiffrées, un plan d'action. Et s'il faut embaucher un manager professionnel, nous le ferons. Au travail. Retroussons nos manches. Tous ensemble sauvons Ker-Eden. »

Je n'en reviens pas. Enfin un homme d'action. En fait, je le trouverais presque sympathique. Et si c'était lui, mon véritable ami, mon sauveur, avec ses urgences si proches des miennes ? Je n'avais pas prévu ce revirement de situation qui me laisse perplexe. Au départ, poignées de main ; je le gratifie d'un grand sourire et d'une promesse de faire diligence pour notre grand projet :

– Désormais, je ne vous appellerai plus « l'Arlésienne »...

Alors il me décoche un clin d'œil complice (ou roublard ?), un œil mi-clos, l'autre braqué comme un colt, prêt à tirer :

– Appelez-moi plutôt « Léon, le liquideur », c'est comme ça qu'on m'appelle dans le milieu.

J'en trébuche dans l'escalier en colimaçon qui dessert son bureau directorial. Qu'a-t-il voulu dire ? Le « milieu », pour moi, c'est la mafia. Et il s'en vante ? Le « liquideur » ? Je dirais plutôt « liquidateur » en bon français. Quant à « Léon », inconnu à mon bataillon. Peut-être un personnage de BD, de film, ou son surnom. Une menace ?

– Et le grand projet. Qu'est-il devenu ?

– Rien. Comme d'habitude. J'ai été la seule à répondre à l'appel. J'ai écrit un audit de plus, avec « préconisations » à court, moyen et long terme. Je l'ai envoyé à Sitting Bull en Lorraine, et à Châteauduc, à la CAB. Tout a été enterré. Le président Seigner m'a juste dit, au téléphone, l'air faussement admiratif : « Vous, quand on vous donne du grain à moudre. »

13

Le crépuscule des vieux

En ce début 2010, la directrice a un nouveau projet : relooker le rez-de-chaussée, sournoisement, comme toujours.

Bien des fois, j'ai demandé que ce salon vide, qui jouxte le restaurant, soit réaménagé en « pièce à vivre », comme dans les autres foyers du troisième âge. Des petites tables, pour parler en rond ou jouer à la belote, aux dominos.

Je n'ai jamais rien obtenu. Cependant, avec la complicité du président Seigner, la Patronne a fait évoluer les lieux pour satisfaire son grand projet « perso » : escamoter tous ces vieux, pas très beaux à voir ; les tenir enfermés dans leur chambre, le plus possible, sauf aux heures des repas.

Un jour, on voit apparaître une énorme télé, presque un « Home Cinéma », appuyée au mur du salon à vivre. Tiens, ce doit être un caprice de Sitting Bull et de Mme Cloarec, car cet achat n'a jamais été programmé au CA. Puis les petits fauteuils d'osier, alignés dans le couloir, vont un par un s'aligner, en rang d'oignons, devant l'écran géant. Résultat, dans l'entrée, il n'y a plus assez de sièges pour asseoir tous les fessiers. On dirait une partie de « chaises musicales ». Rentrez chez vous, bonnes gens… ou allez vous aligner devant la télé !

Passant par là, un jour, je décide de violer la consigne. Pour bavarder avec les trois ou quatre vieilles dames assises dans l'allée des morts vivants, je vais dérober un petit fauteuil d'osier et l'apporte dans le hall. Peau-de-Vache se précipite sur moi :

– Madame Ravenne, allez tout de suite rapporter ce siège où vous l'avez pris !

– Un instant, je bavarde avec mes amies.

– Non. C'est la consigne. Personne dans l'entrée. Ces trois ou quatre fauteuils sont réservés aux visiteurs.

Je fais la sourde oreille. Je prolonge ma causette. Puis, disciplinée, je vais rapporter le siège.

Pour montrer leur mauvaise humeur, les petites résistantes boudent le « Home Cinéma ».

Seuls quelques « chiens perdus sans collier », des A, font escale par hasard devant ce grand écran, allumé en permanence, qu'ils regardent quelques instants sans comprendre, comme on regarde un aquarium. Ça bouge.

Cela n'arrange pas mes affaires. Plus de mémés dans les couloirs, c'est moins d'indics. Ma solitude est grande, désormais. Mes « p'tites mémés » me manquent. Pis encore, je ne vois plus Gros Roger. Son siège « perso », un fauteuil de bambou vert, emprunté au restaurant, lui a été confisqué. Or c'était le seul à sa taille. Privilège acquis, croyait-il. Mais privilège aboli.

La directrice doit se venger pour le mettre au pas et le faire taire, ce grand bavard. Désormais, il n'aura plus qu'un point de chute, hors de son appartement, sa place à table de 12 à 13 heures et de 18 heures à 18 h 30.

Pas étonnant que, peu après, il fasse sa troisième tentative de suicide… ratée une fois de plus. Vodka plus somnifères, cela ne marche plus. Les labos pharmaceutiques, charmants zopilotes, veillant au grain. Du temps où Jean Seberg, épouse de Romain Gary, avala ce cocktail létal dans sa voiture, c'était radical. *Ad patres !* Aujourd'hui les somnifères, même à forte dose, ne sont plus mortels ; il faut faire durer les « poules aux œufs d'or » pour mieux les plumer. Elles ne savent pas qu'il faut désormais ajouter un antiémétique aux somnifères, afin de ne pas les vomir. Roger ne le savait pas non plus, il a craché tripes et boyaux pendant vingt-quatre heures… et puis il est revenu, tout penaud, parmi les zombies de l'Eden-Poulailler. Puni. Voilà ce qui arrive aux fortes têtes.

Tant de sarcophages dans les couloirs, et si peu de papillons. Où donc est passée ma bonne étoile, celle qui devait guider mes labours et mes labeurs ? Le crépuscule tombe vite au gagatorium. Je vois couler à pic mes petites mémés préférées. Un matin, l'infirmière, venue me faire une prise de sang pour contrôle diabétique, répond à son téléphone portable devant moi :

– Oui, je t'ai laissé un message. Tu peux me remplacer ce soir chez Mme X… ? Surtout vas-y le plus tôt possible… elle est tout le temps dans le noir.

Curieuse, je demande des explications. Être dans le noir, c'est courant, ici. Quand une ampoule claque, il n'y a personne pour la changer. Et grimper sur un escabeau avec de vieilles jambes plus ou moins impotentes, c'est totalement impossible. Il faudra attendre le jour de passage de l'aide ménagère. Les infirmières, toujours au pas de course, n'assurent pas plus l'entretien domestique que l'hôtesse d'accueil.

Parfois, c'est plus grave. Un jour, une infirmière, en partant, signale à l'accueil, devant moi : « Il fait 13° chez Mme Machin »…

Je demande à l'hôtesse :

– Qu'allez-vous faire ?

– Rien. C'est au propriétaire ou à la famille de réparer le chauffage, pas à nous. Il nous est interdit d'intervenir. Seulement les urgences médicales, appeler SOS Médecins, ou une ambulance.

Ainsi, au paradis de la vieille volaille, il y a des nids sans chauffage, sans lumière, sans eau…

– C'est quoi, encore, cette histoire de Mme X sans lumière ?

Vite, vite, elle est pressée. Programme minuté. Plus je discute avec les infirmières et plus je les admire de tenir le coup dans de telles conditions. Et toutes détestent la directrice qui les méprise… Quand elle n'essaie pas de trafiquer et d'intervenir, d'un cabinet à l'autre, pour leur faucher des clients, qu'elle rabat sur ses relations.

– L'autre jour, j'ai trouvé Mme X (Dame Maggy pour moi) toute seule dans le noir, loin de sa télé, de sa télécommande, et même du commutateur de son séjour. Assise dans son énorme fauteuil roulant. Avec ses mains arthritiques, elle n'arrive même pas à le déplacer. La nuit tombe tôt l'hiver. Mais elle était là, dans l'entrée de son appartement depuis 13 heures. Après le repas, la stagiaire l'avait roulée chez elle en vitesse et plantée là… Il ne faut pas en vouloir aux stagiaires, c'est la consigne : raccompagner tout le monde très vite, après le déjeuner. C'est la serveuse, le soir, portant le plateau-repas, ou l'infirmière du coucher, qui allume l'électricité.

On se croirait au temps des cavernes. La lumière ? Luxe rare dans les gagatoriums à l'abandon.

Dame Maggy, « la Dame-au-petit-chien », comme je l'avais baptisée dès mon arrivée. La p'tite mémé si rigolote deux ans plus tôt, trottinant avec son déambulateur et son petit chien en laisse accroché à l'engin. Dame Maggy, passant tous les jours devant ma fenêtre, par tous les temps bretons, sa capuche enfoncée jusqu'aux yeux, accompagnée du petit chien mouillé, mais toujours joyeux.

Au retour de ses promenades, elle s'installait dans le couloir vitré, à quelques mètres de ma porte d'entrée, sur un siège de jardin de fer forgé, peint en blanc, un peu écaillé. Et toujours le petit chien à ses côtés, attaché à la table de jardin. Spectacle touchant.

– Je m'installe là pour bavarder avec les gens qui passent, me dit-elle.

Un jour j'ai posé un coussin fleuri, pris sur mon canapé, et l'ai déposé sur la chaise de jardin, avec un « Post-it » : « Pour la Dame-au-petit-chien, de la part de la Dame-du-bout-du-couloir. » C'est ainsi qu'elle m'appelait. Dans ma typologie des Dames de Ker-Eden, je la classais alors dans les « petites résistantes » tant je lui trouvais du punch !

Et puis je l'ai vue couler. On lui a confisqué successivement son chien, sa sœur, son oiseau, sa chaise de jardin, puis sa lumière… et son sourire un peu tordu, goguenard.

Alors elle est tombée dans l'impotence définitive et dans le crépuscule des A, maladie de la désespérance. Elle ne parle plus, ne mange plus. À quoi bon ?

Son chien a été confisqué alors qu'elle faisait un court séjour à l'hôpital pour une bronchite. Comme on ne soigne pas à Ker-Eden, c'est l'hôpital à tous les coups, de force. À son retour, plus de petit chien. La directrice lui en explique la raison :

– Vous comprenez, en votre absence, votre petit chien faisait pipi partout chez vous. Et pas nourri. Alors je l'ai donné à une famille très gentille, avec des enfants. Il est très heureux. Vous comprenez, n'est-ce pas ?

Non, elle ne comprend pas. De ce jour, elle cesse de se promener dans le jardin. Un jour, sa sœur, plus jeune, vient la voir ; malheureusement, à cause de problèmes avec sa voiture, elle arrive bien plus tard que prévu, à midi moins cinq.

– À table, crie Peau-de-Vache. Allez madame… dépêchez-vous un peu.

– C'est que… Ma sœur vient juste d'arriver ; je voudrais bavarder un peu avec elle dans le couloir.

– Pas question, l'heure c'est l'heure. Qu'elle revienne une autre fois. Un peu de discipline quand même.

J'interviens, au passage :

– Vous pouvez la laisser avec sa sœur cinq minutes dans le couloir pendant que les autres commencent leurs hors-d'œuvre. Ou alors, autorisez sa sœur à s'asseoir quelques instants près d'elle au restaurant. Cinq minutes… juste cinq minutes.

– Pas question.

La sœur est restée dans le hall, la larme à l'œil. Je tente de la consoler. Prise de panique, elle me répond :

– Oh ! non, n'insistez pas. Après, ma sœur serait punie. Et ça, surtout, je ne le veux pas.

Et elle est repartie. Comme elle connaît bien l'univers carcéral de la résidence, avec son système de représailles pour mater les mamies désobéissantes…

Alors cette gentille sœur, un jour, lui a offert un oiseau pour remplacer le petit chien. Un serin tout jaune et très gai. Le sourire revient et les voilà tous deux, la Dame et l'oiseau, installés dans la coursive. L'oiseau dans sa cage, posée sur la table de jardin, un peu rouillée. Qu'importe, il égrène ses trilles, sans se faire prier.

– Vous comprenez, il aime bien être dans ce couloir vitré, plein sud. Il aime le soleil, alors il chante de tout son cœur. Chez moi, c'est exposé au nord. Ça le rend triste.

Seulement voilà, la directrice, du parking où elle gare sa voiture, voit ce petit bout de femme là-haut, assise près d'une table, avec son oiseau, des heures durant. Ça l'énerve, à la longue. Un jour, la Dame-au-petit-oiseau retourne à l'hôpital pour quelque grippe ou *check-up*. Quand elle revient, le petit serin a disparu. « Envolé », paraît-il.

Alors la Dame-à-l'oiseau-envolé ne s'assied plus jamais dans le couloir au sud. Un seul être vous manque… et la nuit tombe sur les vieilles dames esseulées. L'impotence aussi. Cette fois c'est le fauteuil roulant, le silence, la grève de la faim… Combien de temps va-t-elle survivre ? Selon les statistiques, quelques mois peut-être.

D'ailleurs le siège de jardin et la petite table ont disparu aussi. Envolés également. Tout s'envole à Ker-Eden.

Bonne nuit, Dame Maggy ; demandez au bon Dieu, s'il existe, de vous faire la courte échelle pour grimper là-haut au paradis des hommes et des bêtes. Aujourd'hui, de doctes gérontologues développent des théories d'avant-garde sur l'importance de la zoophilie dans les maisons de retraite. Cela redonne goût à la vie, paraît-il. Mais en réalité, dans les résidences chic, les animaux, cela fait désordre. Les chiens pissent partout et les serins envoient des graines à tous les vents. Ici, dans les mouroirs, on aime la propreté, « n'est-ce pas ? ». On meurt « proprement ».

Les « taudis » de Ker-Eden, dont me parlent infirmières et aides ménagères, sont des lieux privés, occultés, aux portes closes. Pas repeints ni restaurés depuis vingt ans. C'est surtout le cas du parc immobilier géré par la SCI-BK. Encore rentable grâce à la pénurie d'EHPAD, et grâce à la diligence de la directrice, qui loue ou vend toujours en premier les biens de ses protecteurs-promoteurs préférés. Quant à Mme Le Comte, la terreur des résidants-locataires, elle n'hésite pas à se déplacer pour harceler les mauvais payeurs. Sur les factures, quelques imputations illégales. Gros Roger me les montre parfois. Pis encore, on le force à faire des travaux d'entretien hors de prix :

– Tenez, regardez là : 416 euros pour le shampouinage de ma moquette trouée, qui a vingt ans. Mme Le Comte m'a imposé ce nettoyage. Elle est venue elle-même avec la société spécialisée. Je n'ai rien à dire. Juste à payer. Elle me harcèle de lettres recommandées. Mais je fais traîner. Je n'ai plus de quoi payer à mon compte courant. Vivement que je crève. Ou alors je vais finir sous les ponts, avec les SDF.

Il y a plus de vieilles baignoires que de douches à la résidence. Les plus chanceux et les plus rares, dont je suis, propriétaires-résidants, font des travaux dans leur salle de bains. Pas les locataires, majoritaires, qui gémissent en chœur :

– Une douche ? je ne sais plus ce que c'est. Cela fait des années que je n'en ai pas pris.

– Comment vous lavez-vous alors ?

– Au gant-éponge, debout dans ma toute petite salle de bains, coincé entre ma baignoire inutile et mon énorme ballon à eau qui fuit un peu. Il a vingt ans lui aussi.

Gros Roger me confirme :

– C'est mon infirmier qui me lave comme ça, debout, à la salle de bains. Ma femme de ménage râle, parce qu'on en met partout. Mais je la vois si peu maintenant.

– Pourquoi ?

– Parce que, avec les nouvelles économies, on m'a sucré 50 % de mon allocation personnalisée d'autonomie (APA). Je n'ai plus que deux heures de ménage par semaine. C'est peu. Il faut bien qu'elle aille me faire mes courses en face de temps en temps : produits d'entretien, savons, du papier à lettres ou du PQ, un peu de bouffe aussi pour compléter le « repas allégé » du soir…

– Et quelques bouteilles aussi, parfois ?

– Chut. Ne le dites pas. Je suis obligé de les cacher. La Patronne vient fouiller dans nos placards quand nous sommes à table.

Qu'elle est triste et mesquine la vie dans un gagatorium, même doré sur tranche ! C'est toujours le même discours : la disette, l'inconfort, la solitude et parfois la « dive bouteille » pour se consoler. Est-ce tout ce que la Bonté divine peut désormais apporter aux vieilles gens ? Alcool et oubli. Il faut s'en contenter. Très peu pour moi. Je carbure à l'eau.

Aujourd'hui, j'ai trouvé dans l'entrée une femme seule et triste, à qui je n'avais jusque-là jamais parlé.

Elle passait, matin et soir, avec son mari, pour aller au restaurant. C'est tout. Pas vieux, discrets, munis d'une canne tous les deux. Un jour le mari est revenu de l'hôpital en fauteuil roulant. Dès lors, c'est l'épouse qui pousse le fauteuil. Je m'approche d'elle pour lui parler :

– Comment est-ce que vous vous en tirez avec votre mari en fauteuil roulant, désormais ?

En quelques instants, elle me déverse tout son chagrin de vivre. C'est si rare quelqu'un qui écoute.

– Oui, c'est dur à gérer un infirme à la maison. Les infirmières passent si vite. Juste le temps de faire sa toilette matin et soir. On le lave au lit, avec un gant-éponge. Moi aussi, je me lave au gant-éponge, car je ne peux plus enjamber la baignoire, à cause de mon arthrose.

– L'arthrose, je connais, moi aussi. Vous n'avez pas droit à une aide pour vous ?

– Non, pas assez handicapée.

– Selon le code GIR, la grille iso-ressources ?

– Oui, c'est ça. On vous calibre partout. Tous les mouvements faisables, ou pas. Moi je bouge encore un peu, alors pas d'aide APA.

– Mais votre mari touche l'APA, lui ?

– Oui, sinon, nous ne pourrions pas nous payer la moindre aide. C'est déjà tellement cher ici. Et il n'y a pas de place ailleurs. Pourvu que je meure avant mon mari. Je ne pourrais pas subvenir à mes besoins avec ma retraite de veuve. Mes enfants habitent loin. Ils ne se rendent pas compte.

Aline, ma voisine de palier, me dit toujours la même chose dès que son mari a le dos tourné :

– Pourvu que je meure la première. Je ne voudrais pas être à la charge de mes enfants.

Nous poursuivons nos confidences, seules dans l'entrée. J'ose à peine rapporter ses propos tant l'intimité avec les vieux tourne vite à l'incongruité.

– Je n'arrive même plus à enfiler un slip par les pieds, c'est trop bas, poursuit mon interlocutrice, en veine de confidences. Ni mettre des chaussettes, ni un pantalon. Je m'habille encore par le haut, quelle chance. Jupes élastiquées, larges, longues. J'ai des chemises de nuit bleu marine ou bordeaux, amples ; ça ressemble à des robes, alors il m'arrive de ne pas m'habiller, certains jours, ça fait trop mal.

– Oui, je sais, moi aussi.

– Le pire… je n'ose pas vous le dire, c'est aux WC… m'essuyer les fesses. J'en ai les larmes aux yeux, chaque fois. Tordre les lombaires, c'est la torture. Et pourtant… Il faut bien. J'ai toujours été propre, moi, madame. Impeccable sur moi, et chez moi. Pareil pour le gant-éponge, il ne va même plus à l'arrière, juste devant.

Je ne m'étalerai pas davantage sur ce thème terriblement réaliste. Pourtant le docteur Maisondieu n'hésitait pas à le faire, quand il parlait des « pourrissoirs » et des « services-poubelle », même dans les hôpitaux.

– Et mes dents, poursuit la Dame-qui-fut-si-propre, mes dents, regardez…

C'est vrai, elle a quelques chicots, solitaires, sur le devant. Au début, je m'étonnais de voir des sourires édentés dans une résidence aussi bling-bling que Ker-Eden. Et puis un jour, à la télé, j'ai vu un documentaire sur l'état dramatique des dents des seniors en France. Les techniques ont progressé, certes. Mais pas pour tout le monde. Vu le coût des prothèses, non remboursées, beaucoup de gens modestes y renoncent. Chez les vieux, c'est bien pis. Pour la bonne raison que les dentistes ne se déplacent pas ! Et les vieux non plus. Personne pour les accompagner. Alors les chicots sont réapparus, au XXIe siècle ! *Idem* pour les ORL, les ophtalmos, trop loin pour les pépés et mémés sédentaires. Et puis, à quoi bon ravaler les vieilles façades des croulants et grabataires ? Il suffit de les cacher.

Pour l'anniversaire des vingt ans de Ker-Eden, un bataillon d'esthéticiennes (stagiaires et gratuites) est venu badigeonner les vieilles dames défraîchies : fard aux yeux, aux joues, aux lèvres. *Blush* et *gloss* rose nacré, assortis au teint délicat des orchidées sur toutes les tables et des ballons au plafond. Il faut avoir bonne mine quand toute la jet-set de la ville, dont deux maires adjoints, vient gueuletonner à vos frais. Banquet à midi, cocktail le soir. Foie gras, champagne, petits-fours… et toutes ces vieilles poupées de salon posées sur les fauteuils de bambou vert céladon. La vitrine de Ker-Eden. À Amsterdam, ce sont les putes que l'on met en vitrine pour faire le tapin. À la résidence Ker-Eden, ce sont les vieilles poules enguirlandées. Beau coup de pub. L'événementiel, ça fait vendre, paraît-il. Peut-être y a-t-il de futurs clients aguichés parmi les invités de marque. Les copropriétaires s'en lèchent déjà les babines. D'autant plus que cela ne leur coûte pas un centime.

C'est l'Association qui paie ! Toutes les factures sont portées au compte « Services » des résidants. Et pas de budget prévisionnel. Je m'en suis plainte à Sitting Bull :

– Vous n'avez pas honte d'imposer ces folles dépenses à cent pour cent à des résidants déjà exsangues ?

– Pas de problème. L'Association a une cagnotte.

– Je sais ; un excédent de profits des années passées et sur les intérêts desquels il faut même payer des impôts. Si je me souviens bien, cela montait à… je m'étais traduit le montant en francs pour mieux me souvenir. Cela faisait plus de trente briques, si je ne me trompe pas.

– Oui. Et alors ? Cela leur fait tellement plaisir, cette grande et belle fête.

Je parais toujours rabat-joie, à la fin, avec mon goût de l'économie :

– Vous auriez pu abaisser le coût des « Services », l'année suivante, redistribuer le trop-plumé…

– Vous râlez toujours, avec tout le mal que je me donne pour rendre cette résidence agréable.

14

Quitte ou double ?

En 2010, harcèlement et représailles redoublent d'intensité, de part et d'autre. Œil pour œil, dent pour dent. C'est « quitte ou double » pour moi. Ou je réussis à partir par tous les moyens, ou… il y aura de la viande au plafond. Nous sommes entrés en zone de grande turbulence.

Dès janvier, un incident me met en alerte : ma voiture est démolie, vitres brisées, sur le parking. Représailles ou simple acte de délinquance dans un quartier chaud, hérissé de HLM ?

Une des hôtesses d'accueil m'appelle un dimanche matin, à l'interphone :

– Madame Ravenne, ce matin, en arrivant, j'ai garé ma voiture près de la vôtre… elle est toute démolie ; les deux vitres du côté droit éclatées, du verre partout, sur les banquettes et dehors.

Je descends aussitôt. Un vrai carnage. Tant de haine.

Voyous ou harceleurs résolus ? Je ne le saurai jamais. Mes conseillères insistent :

– Portez plainte directement auprès du procureur, contre X, bien sûr, faute de preuves. On ne sait jamais… si cela se reproduisait.

Quelques jours plus tôt mes deux anges gardiens m'avaient mise en garde :

– Désormais, attention aux représailles. C'est courant en milieu mafieux. Incognito. Ni vu, ni connu. Protégez-vous !

– Je sais. J'ai eu des activités syndicales, autrefois. J'étais déléguée du Syndicat national des journalistes en 1968 dans mon groupe de presse. Ça cognait fort, voitures brûlées, syndicalistes amis tabassés le soir au coin de leur rue. Milices patronales prêtes à tout, dans la grande bataille pour la liberté de la presse.

– Et puis, me conseille Béa, ne laissez rien traîner chez vous. Planquez tous vos dossiers. Ça disparaît si vite, les papiers compromettants.

– J'y ai déjà pensé. Ma fille me le répète aussi. Je stocke chez elle des doubles de tous mes dossiers, je les planque partout dans les penderies, les boîtes à chaussures, les piles de draps… Alors je passe mon temps à les chercher sans les retrouver.

– On rentre toujours chez vous, en votre absence, avec le passe-partout ? Alors écrivez à la directrice une consigne claire : « Je soussignée… interdis que l'on entre chez moi en mon absence. »

Je l'ai fait. Et quelques jours plus tard, Peau-de-Vache, toujours insolente, me dit dans l'entrée :

– Madame Ravenne, je vous ai appelée à l'interphone pour vous signaler un paquet de la Redoute, en bas. Comme ça ne répondait pas chez vous, je suis montée voir, au cas où… vous n'étiez pas bien ces derniers jours…

– J'étais juste sortie.

– Oui, mais votre voiture était au parking, j'ai vérifié. Alors, par conscience professionnelle…

– Il m'arrive de sortir à pied, dans le quartier, ou de profiter de covoiturage.

Provocation bien ciblée. Touché. Je sais maintenant que mes allées et venues sont surveillées. L'étau se resserre.

Début février, la CLCV reçoit une longue lettre de M. le président Seigner, dont la fin déraille, avec menaces et accusations délirantes :

« Il est évident que si d'aventure la justice nous donnait tort… il n'y aurait plus qu'à fermer la résidence, avec toutes les répercussions que vous pouvez imaginer pour tous, résidants, personnel et propriétaires… La responsabilité de ceux qui voudraient s'engager dans cette voie serait écrasante… »

Et à qui la « responsabilité écrasante » de mettre tous ces braves gens à la rue ? Devinez ? Mme Ravenne et ses sbires. « Je ne veux pas croire à un comportement suicidaire de Mme Ravenne… Il ne faudrait pas vous tromper de cible… »

Mes conseillères, visées à leur tour, sont consternées. La femme à abattre, c'est moi.

On croit rêver, ou lire du La Fontaine. « Tu la troubles, dit cette bête cruelle… » sont les mots du Loup qui accuse l'Agneau de polluer l'eau du ruisseau. Bon prétexte pour le dévorer tout cru. Je sais ce qui m'attend.

Et mes conseillères commentent :

– C'est d'ailleurs l'argument que donnent toutes les résidences privées en situation illégale, quand la DDASS, la répression des fraudes, le conseil général menacent de les fermer pour illégalité. À savoir : « Si vous fermez notre résidence, vous allez mettre tout le monde à la rue, les pensionnaires et le personnel. »

– Et ça marche ?

– Très bien. Il y a peu de fermetures et de plus en plus d'illégalités, en toute impunité.

– Et ici, dans cette ville ?

– Ici comme ailleurs, personne n'interviendra, sauf s'il y a procès retentissant… et encore. Essayez de regrouper quelques familles en colère, peut-être.

– Je ne les connais même pas. Absentes. Lointaines. Indifférentes…

– Sauf aux coûts aberrants quand ce sont elles qui trinquent. Cherchez bien. Essayez de faire tache d'huile.

Pourtant, en cherchant bien, je connais quelques familles. Déjà dans l'audit de 2005, la sociologue en avait contacté quelques-unes et les citait : « Ker-Eden ne répond jamais au téléphone… ne nous donne aucune information utile… nous impose… sans négociation… »

Justement, ces jours-ci, dans le parking, sous la pluie, je rencontre un homme en colère, accompagné de Marie-Jeanne, l'aide ménagère que nous avons en commun. Elle nous présente :

– Voici Mme Ravenne, membre des deux conseils de copropriétaires. Profitez-en pour vous plaindre à elle.

Et le voilà qui m'assaille de reproches :

– Ma mère est revenue de l'hôpital, désormais infirme en fauteuil roulant… et pas la moindre aide, ni conseil, ni démarche. L'indifférence totale, ici. « Débrouillez-vous, vous êtes autonome. » Avec tout ce que je paie comme services ! Je vais porter plainte, moi, un de ces jours, pour non-assistance…

– Bonne idée. Faites-le. Je suis d'accord avec vous.

Il me regarde, interloqué. Pour lui, décisionnaire (en principe), je suis du côté des persécuteurs. Alors, toujours sous la pluie, je le mets au parfum de toutes les illégalités de Ker-Eden. Tuyaux mais aussi informations précises, sources de documentation, le procès perdu… Et finalement, je lui demande au passage, par hasard :

– C'est qui, le propriétaire-bailleur de votre mère ?

– Un certain M. Seigner, que je ne connais pas.

– Non, pas possible ! M. le président Seigner ?

Et du coup, j'en rajoute une couche. D'autres familles en colère me contactent. Je viens de faire la connaissance de la fille de Margie, la dame blonde bien coiffée qui se promène avec le bras en écharpe. Fracture après une chute.

– Je croyais que c'était fini, lui dis-je. Vous aviez enlevé la bandoulière…

– Maintenant, c'est l'autre côté. Je viens de me casser le poignet droit.

– Vous n'avez vraiment pas de chance.

– À qui le dites-vous ! Et ça ce n'est rien à coté du reste. Mon appartement est inondé. Les parquets flottants que j'avais installés remontent et flottent pour de bon. L'eau jaillit par le sol. On m'a mise ailleurs.

– C'est Mme Cloarec qui vous a trouvé un autre appartement ?

– Oui, un appartement vide, où j'ai déménagé mes meubles en urgence. Et je paie un loyer, bien sûr, à ce propriétaire inconnu, plus les charges, plus les services. Tout multiplié par deux. Mes enfants sont fous de rage. Et mon assureur, donc ! Est-ce que ma fille peut vous téléphoner pour vous demander des conseils ?

– Bien sûr, je lui donnerai le maximum d'éléments pour défendre vos intérêts. En attendant, vous pouvez déjà cesser de payer la deuxième facture de services, si vous le désirez, en toute légalité. Et même la première aussi… si ça vous chante.

Quelques jours plus tard, je donne le même conseil au monsieur aimable à qui j'avais dit « bienvenue au club », à la réunion du CA.

Désormais, je fournis tous les arguments, tous les documents, surtout le procès perdu… Cela me coûte cher en photocopies mais me réjouit tellement. Une propriétaire-bailleresse à Ker-Eden a pleuré de désespoir devant son agent immobilier. Cela fait deux fois en quelques années qu'elle se trouve avec son appartement vide et si coûteux. Elle ne peut plus assurer ses « dettes », assaillie de relances de la comptable, la petite souris grise et grognon de Ker-Eden.

Cela fait boule de neige peu à peu. Je la mets au parfum, lui conseille de résilier sa cotisation-services (pas les charges cependant). Ce qu'elle fait.

Bien sûr, le président Seigner et la directrice sont au courant de mon travail de sape et clament que je vais couler la résidence. Mais le *Titanic-Ker-Eden* n'a pas besoin de moi pour couler. Il se saborde tout seul.

On me le fait payer cher. Quand je réclame quelques prospectus de Ker-Eden pour mes propres visiteurs, l'hôtesse dit « *niet* », la secrétaire-comptable dit « *niet* ». « Ordre de la directrice. »

Quelques jours plus tard, en février, je reçois une lettre de Sitting Bull, qui ne sait plus quoi inventer.

« Madame,

Le lundi 7 février courant, vous avez remis à Mme Cloarec un mot lui demandant "6 à 8 prospectus de Ker-Eden". Nous nous ferons un plaisir de vous remettre autant d'exemplaires que nécessaire dès que vous aurez réglé vos dettes auprès de l'Association... J'ai donné la consigne à Mme Cloarec et au personnel de surseoir à toute remise de plaquettes et à tous services aux propriétaires et/ou résidants qui refuseraient délibérément de payer les "redevances-services". Par exemple, en ce qui vous concerne, vos colis seront désormais posés sur votre boîte aux lettes par le coursier, sans intervention du personnel de l'accueil, et jusqu'au règlement attendu...

« Néanmoins, pour des raisons humanitaires, le service de sécurité et d'assistance aux personnes, qui assure une fonction essentielle de la résidence, continuera à intervenir sur appel d'urgence, si les propriétaires et/ou résidants incriminés se trouvaient face à un sérieux problème de santé.

« Veuillez recevoir nos salutations expectatives. »

Cela bat tous les records de mesquinerie. Vraiment sordide, l'idée de poser mes colis sur la boîte à lettres, où tout le monde peut les voler, surtout les A, kleptomanes permanents. Et toujours les mêmes accusations. Sitting Bull agit « pour des raisons humanitaires » et moi je fais partie des vilains, les « incriminés » ! Remarquez, c'est de bonne guerre. Il me punit. Et moi j'entraîne les « mauvais payeurs » à se révolter. Qui flanchera le premier ?

Dans les jours qui suivent, je trouve des paquets de la Redoute, jetés en l'air, à la portée de tous les chapardeurs. Alors je cesse de commander à la Redoute. J'y trouve aussi des sacs de médicaments, livrés à l'accueil par M. Cloarec, le pharmacien, mari de la Patronne. Ça, c'est plus grave ; je tiens à mes médicaments, et les voleurs éventuels, plus ou moins A, pourraient payer très cher le fait de gober mes pilules comme des bonbons. Mais la sécurité n'est pas dans les priorités du mouroir, quoi qu'on en dise.

Quant à la faveur insigne que l'on me fait en m'assurant le service « humanitaire » des urgences de nuit, c'est justement le seul service qui ne m'intéresse pas du tout. J'y ai goûté, une fois, merci.

C'était en novembre dernier, quelques jours après les éruptions sanguines qui m'avaient conduite aux urgences. Trois jours après, rebelote. À 11 heures du soir, chez moi, devant la télé. Tiens, si j'en profitais pour tirer le cordon d'alarme, tester les « urgences » de Ker-Eden ? Je tire et j'attends. Six à huit minutes plus tard, l'étudiante en médecine de garde se pointe chez moi.

Je suis déjà dans une mare de sang, sur mon beau tapis blanc. Je crache partout, sans discontinuer, entourée de tout ce que j'ai pu attraper, torchons, rouleaux de papier-toilette et de Sopalin. Tout y passe. Assise dans mon fauteuil, j'éructe très loin vers l'avant.

Mais la jeunette a oublié sa trousse de secours ; elle est montée les mains dans les poches. Je la renvoie chercher sa trousse, au moins pour prendre ma tension. Elle revient dix à quinze minutes plus tard (les couloirs sont si longs et je suis au bout du bâtiment C). Elle essaie de m'approcher pour se saisir de mon bras mais fait des bonds en arrière, dégoûtée :

– Oh ! la vilaine, elle m'en met partout !

Est-ce ma faute à moi si je crache du sang comme un volcan en éruption ? Enfin elle réussit à prendre ma tension :

– Ah ! quand même : 22 de maximale... c'est beaucoup.

En hoquetant je lui dis que déjà... trois jours plus tôt... l'hôpital...

– Bon, dit-elle, c'est pas tout. Moi, il faut que je sois en bas, si jamais on appelait... Qu'est-ce que vous choisissez ? Hôpital ou autonomie ?

C'est le choix binaire, imposé à Ker-Eden. Zéro soin, mais appel aux urgences, si tel est le choix. Je réponds :

– Non, pas l'hôpital. Je reste ici ; dans une heure ou deux, la tension devrait descendre... quand tout mon sang sera sur le tapis.

– Bon, je repasserai voir dans une demi-heure.

Et elle s'en va très vite, me laissant à mes hémorragies.

Quitte ou double ? J'en meurs, saignée à blanc ? Ou j'en réchappe, une fois de plus ? Je prends le risque. Après tout, quelle belle mort ! Rapide, sans souffrance, un soir devant la télé, vidée de tout son sang.

Une demi-heure plus tard, elle repasse. La porte est restée ouverte. Vautrée dans mon fauteuil, j'éructe toujours, mais le flot est moins fort. Il y en a des baquets par terre. La saignée a eu lieu, comme prévu.

– Un peu moins de 20, tant mieux ; 19, c'est bon signe. Votre tension baisse. Dans une heure ce sera fini. Alors, bonne nuit, je file en bas. Couchez-vous, et surtout dormez bien. Demain ça ira mieux.

Je reste encore une heure, seule, dans ma mare de sang. Mes jambes sont trop faibles pour me porter jusqu'à mon lit. Si j'allais tomber, sans pouvoir me relever ni appeler ?

Deux ou trois jours plus tard, re-rebelote. Ras le bol des saignées intempestives ! Entre-temps j'ai consulté mon médecin qui m'a prescrit plus d'anti-hypertenseurs… J'en prends déjà tellement. Mais l'action correctrice n'a pas encore eu lieu. J'ai aussi racheté une pile pour mon propre petit appareil à prendre la tension. Autonomie. C'est la survie. Alors la troisième fois, je n'appelle même pas la petite étudiante étourdie. À quoi bon ?

En février, Ker-Eden décide de faire venir à domicile une équipe médicale pour piquer les vieilles poules. C'est la fameuse grippe machin qui sévit. Volontaires, s'inscrire à l'accueil. Je m'inscris. Quelques jours plus tard, Peau-de-Vache m'appelle à l'interphone :

– Madame Ravenne. Venez signer à l'accueil votre bon pour le vaccin.

– Je ne peux pas. J'ai une gastro carabinée. Pas question que je m'éloigne du lavabo et des WC.

– J'ai besoin de votre signature, tout de suite.

– Venez la chercher… ou alors vous vous en passez.

Elle arrive au pas de course, en colère :

– Comme si je pouvais aller chercher les signatures à domicile, seule pour toute la baraque.

Je signe, debout, appuyée sur l'angle de mon bureau. Et puis… vite, je cours au plus près, à la cuisine, et j'explose dans l'évier. Il était temps. À jeun, je vomis de la bile. Depuis deux jours, je survis de quelques morceaux de sucre et d'un peu d'eau. Juste de quoi éviter les hypoglycémies et le coma diabétique fatal.

Peau-de-Vache est déjà partie, en claquant la porte :

– Au revoir, madame Ravenne, soignez-vous bien.

C'est tout. Je n'attendais pas d'être « soignée ». Non. J'ai fait vœu d'autonomie, c'est-à-dire d'abandon, le jour où je suis entrée à la résidence. Non, j'attendais juste un peu d'humanité (pas prévue dans les services). Juste une main posée sur mon épaule. Juste trois mots : « Ça va mieux ? » Juste ce que les vieux attendent des autres, juste ce qu'ils ne trouvent plus nulle part : un peu de pitié.

À ce propos, je lis *Pitié pour les hommes* du docteur Denis Labayle (Stock, 2009). J'avais déjà lu l'année dernière *La Vie devant nous* (Seuil, 1995). Saisissant. À chaque ligne je croyais reconnaître Ker-Eden dans cette enquête très réaliste sur les maisons de retraite en France, privées et publiques. Il en avait visité un grand nombre, se faisant passer tantôt pour un bon fils cherchant un nid douillet pour sa chère vieille maman, tantôt pour un médecin (ce qu'il était vraiment) soucieux de trouver des lieux de convalescence, en court séjour, pour héberger ses patients en grande difficulté. En fait, il mène campagne pour la protection des seniors. Toute sa vie, il s'est battu, en première ligne, pour la défense des libertés, droit à la contraception, droit à l'avortement… Aujourd'hui, il se lance à l'assaut des grands combats actuels : le droit des seniors à la mort bienvenue, comme le droit des enfants d'Afrique à la vie protégée.

C'est ainsi qu'il m'a séduite, alors qu'il faisait une tournée de conférences sur ces thèmes pour l'ADMD (dont il est membre éminent). J'ai été émue par ses « coups de gueule » si semblables aux miens. Sauf que je suis petit roquet et lui grand tribun. Au cours de sa conférence il a cité l'anecdote du jeune médecin africain qui pointait l'absurdité humaine : en France on force les vieux à vivre, contre leur gré, en Afrique on laisse mourir les enfants, faute de pain et d'eau. Il avait conclu « Cette absurdité me hante jour et nuit. »

La nuit suivante, c'est moi qui n'ai pas dormi. Le monde marche sur la tête, c'est évident. Quand je ne dors pas, je me lève, je prends mon stylo et j'écris un slam. Ça me défoule, puisque les « coups de gueule » y sont non seulement admis mais bienvenus : « Sauvez les enfants d'Afrique et laissez-nous mourir en paix, vieilles poules foutues que nous sommes… »

Dans un élan impulsif, quelques jours plus tard, je poste ce slam au docteur Labayle, via son éditeur. Mes « bouteilles à la mer » répondent toujours à des impulsions violentes et impératives. Une semaine après, il m'appelle au téléphone :

– Je pars pour l'Afrique, en mission humanitaire. Puis-je emporter votre slam… et le slamer de votre part ?

Et comment ! Partir en Afrique dans la sacoche d'un médecin humanitaire, c'est le plus beau cadeau qui soit pour un petit slam et pour la Mamie-Slam que je suis. Le bulletin de liaison de l'ADMD a rapporté l'anecdote, publié le slam et souligné l'importance de la chaîne de l'espoir ainsi forgée, maillon par maillon, d'un pays à l'autre.

Quant à moi, si dépourvue de « *success stories* » récentes, moi qui sans cesse cherche dans mon passé des motifs de croire que je suis autre chose qu'une merde qui pourrit dans un mouroir… pour moi cette anecdote vaut tous les carburants, de quoi vivre, écrire et me battre au moins six mois de plus.

L'autre jour, j'ai failli provoquer un infarctus à la Patronne, volontairement : de quoi la faire « porter pâle », ce que redoute tant Sitting Bull, car qui ferait alors le sale boulot ?

J'avais préparé la réplique depuis un certain temps, il suffisait de trouver l'occasion de la placer. Elle s'est présentée, un jour où je traversais tout le restaurant en diagonale, pour aller bavarder un peu avec Gros Roger, puisqu'il n'avait plus le droit de siéger dans l'entrée. N'ayant plus mes interlocuteurs préférés sur mon passage, dans le hall, j'ai pris la « mauvaise » habitude de franchir le claustra du restaurant pour porter quelques papiers à Margie, la résidante inondée, pour sa fille… ou juste pour aller saluer, de table en table, mes amies, Léontine, Charlotte, Amélie et les autres.

Les serveuses me regardent d'un mauvais œil :

– Vous gênez le service.

C'est vrai, mais tant pis. Un jour, c'est la directrice en personne qui me fonce dessus :

– Vous n'avez pas le droit de venir au restaurant, puisque vous n'y prenez pas de repas.

Voilà l'occasion rêvée de sortir ma réplique, concoctée avec soin. Alors, d'une voix suave, comme il convient entre les gens « de notre milieu », je lui réponds bien fort, afin que tout le monde profite de l'altercation :

– De quel *droit* parlez-vous, chère madame ? Je connais fort bien mes droits… et vous aussi, *n'est-ce pas ?* Je n'en doute pas. Dois-je vous rappeler qu'actuellement je paie 500 euros par mois de *droit de péage* pour être autorisée à marcher dans les parties communes ? Cela s'appelle *la redevance KODA*, sur le relevé des charges. Vous connaissez ? Vous ne pouvez pas ignorer les lois de Ker-Eden. Et comme c'est le syndic qui prélève cette redevance, je ne peux m'en dispenser sans passer par la justice , 500 euros par mois, cela fait 6 000 euros par an, pour avoir le droit de marcher sur mon *territoire*, où je suis locataire de plein droit, sinon de plein gré.

Elle écoute ma tirade, bouche bée.

Elle est terriblement à court d'argument valable. J'en profite pour enfoncer le clou, cruellement, insolemment, victorieusement :

– Voyez, j'ai même pensé m'installer pour de bon dans ce restaurant. Vous me reprochez toujours de ne pas y venir assez souvent. Désormais j'y viendrai plus fréquemment, pour me promener sur mon *territoire* si coûteux et amortir ce *loyer* de luxe. C'est si joli, ici. Tiens, je pense même que je vais y installer ma tente, de plein *droit*, bien sûr.

Cette fois elle est rouge de colère. La provoquer en duel, devant tout le monde, alors qu'elle n'a pas eu le temps de fourbir ses armes…

D'une petite voix, hésitante, elle murmure le seul argument, médiocre, qu'elle ait pu trouver :

– Vous vous rendez compte, si tout le monde en faisait autant…

– Quelle bonne idée ! Les résidants auraient enfin une *pièce à vivre*, un luxe dont ils rêvent.

Au passage, la serveuse nous bouscule avec son chariot de desserts (yaourt nature ou salade de fruits). La directrice en prend prétexte :

– Vous voyez : nous gênons. Allons-nous-en…

Elle dit « nous », emploie le verbe « aller » et non « dégager ». C'est donc une proposition, pas un ordre. J'obtempère. Je m'en « vais » quelques mètres plus loin bavarder avec Gros Roger.

La prochaine fois qu'elle me fera des remarques dans les allées du restaurant, elle aura droit à la deuxième partie de ma réplique. J'ai prévu de lui annoncer ceci :

– Finalement, ce n'est pas une tente que je vais planter sur mon territoire mais deux. La deuxième sera pour mon ami le fantôme, celui qui hante mon appartement libre et paie lui aussi *le droit de péage KODA*, soit 250 euros pour son T3. Il s'ennuie, tout seul, là-haut. Les fantômes aiment les lieux de *convivialité*, c'est bien connu. Et si vous lui cherchez des noises, il consultera ses avocats, lui aussi…

Dans ma tête, je concocte des stocks d'insolences légales. Les vieux ne sont plus que « poil à gratter », c'est leur dernière ressource. Mais des tonnes de poil à gratter à déverser partout, cela vaut les laves et fumées du volcan nordique au nom barbare qui a paralysé le monde entier en 2010, non ?

La directrice est assaillie de tous côtés en ce moment. Nicole, la courageuse autruchette, a entrepris de recenser les appartements vides et d'exiger des comptes exacts de Mme Cloarec, qui proclame toujours que « tout ce qui est louable est loué ; tout ce qui est vendable est vendu ».

Grand merci, mais j'ai mes propres repères quant au taux de remplissage des appartements. Côté rue et parking, quelques panneaux apparaissent aux fenêtres et aux balcons, « À vendre » ou « À louer », court-circuitant ainsi le droit de préemption de la Patronne sur tous les visiteurs, clients potentiels.

Côté jardin, de mon balcon, je décode les messages des fenêtres ouvertes ou fermées. J'ai vue sur les bâtiments B et C. Paupière (le store) fermée, jour et nuit, résidant parti ou mort, appartement vide. Paupière mi-close, grabataire, partira bientôt, plus personne ne se donne la peine d'ouvrir et fermer les stores ; à quoi bon ?

Je lis aussi les traces de vie sur les balcons. Balcon abandonné, soit la grande majorité, pépé ou mémé abandonnés. Un pot de fleurs, souvent des géraniums, apparaît une fois l'an, pour la fête des mères, mémé a encore des enfants quelque part. Quelques plantes maigrichonnes et rachitiques, encore un souffle de vie. Mon balcon ? Luxuriant, une vraie forêt vierge.

Quelques jours avant l'AG d'avril 2010, date fatidique, la détresse de Ker-Eden me saute à la figure, encore une fois. Non, je n'ai pas la berlue. J'ai même trois témoins fiables cette fois : Nicole, la présidente des copros, et deux hommes envoyés par le syndic, l'un gradé, l'autre pas. Nous recensons ensemble les fuites et fissures dans les couloirs. J'ai insisté pour qu'ils passent avant l'AG. Il est près de 16 heures. Ils voudraient bien partir, mission accomplie.

– Il y a encore une fissure que je voudrais bien vous montrer, une grande balafre sur le mur crasseux du local-poubelle, le principal, au rez-de-chaussée.

Nous nous acheminons tous les quatre vers le lieu incriminé. Ces messieurs, pressés, passent devant, ouvrent la porte, allument la lumière… et poussent un cri. Nicole et moi nous précipitons. Par terre, dans le noir et le froid, gît une vieille femme, pas morte ni évanouie, mais qui tremble de tous ses membres, gémit et claque des dents. Depuis combien de temps est-elle là ? Allez savoir. Quelques heures ? Depuis le déjeuner ?

Je la reconnais tout de suite : c'est la douce Madeleine. Elle a perdu la tête depuis longtemps, depuis la mort, la même année, de son mari et de sa fille cadette.

Les deux hommes la mettent debout, à tout hasard, pour voir si sa carcasse tient bon. Rien pour la poser. L'unique lit médical disponible est enfermé au premier étage dans l'« Infirmerie ».

Nicole part en courant pour rapporter une chaise du restaurant. Elle espère, par la même occasion, ramener aussi l'hôtesse d'accueil, avec sa trousse de secours. Mais l'hôtesse est en vadrouille, comme souvent ; elle a dû raccompagner quelque A odorante ou perdue.

Nous posons très doucement Madeleine sur la chaise, dans le couloir, lui faisant un cocon de nos bras et mains pour la réconforter. Elle, si bavarde et si confiante en général, reste muette et claque des dents sans discontinuer. Dans ses yeux grands ouverts, on peut lire une angoisse démesurée. Peut-être a-t-elle cru sa mort proche ? La mort indigne, dans un local-poubelle.

Enfin l'hôtesse arrive et prend sa tension, un peu basse. Cet incident sera-t-il consigné sur la « main courante » ? Pas sûr. Et signalé à la famille ? Je parierais que non. Pour en avoir le cœur net je vérifierai moi-même. La fille aînée de Madeleine, une belle femme brune, aimable et décidée, vient souvent à Ker-Eden dorloter sa maman, lui faire des brushings.

Tout naturellement, la voyant, quelques semaines après l'incident du local-poubelle, jouer aux petits chevaux avec Madeleine et deux amies « toc-toc », je l'aborde.

– On vous a dit que votre maman avait eu une grosse émotion, il y a quelque temps ?

– On m'a dit qu'elle venait d'avoir une crise d'épilepsie, la première de sa vie, il y a deux jours. C'est tout. « C'est grave », a dit le docteur.

– Oui, pour la crise d'épilepsie, on vous a informée, car cela se passait à midi, au milieu du restaurant. Comment l'occulter ? Non, moi je fais allusion à la chute dans le local-poubelle, il y a deux ou trois semaines.

Devant son air affolé, je lui raconte tout en détail. La présence des témoins…

– Pourquoi ne m'a-t-on rien dit ? C'est grave. J'imagine l'angoisse de maman, seule par terre dans le noir et le froid. C'était même peut-être sa première crise d'épilepsie, ce jour-là. Sans personne pour la secourir. Et si vous n'étiez pas passés, au milieu de l'après-midi, elle aurait pu y rester quelques heures de plus.

Dire ou ne pas dire ? Je suis pour la vérité dite aux familles. Mme Cloarec et M. Seigner, pour leurs raisons « humanitaires » bien à eux, cultivent la loi du silence. Le mensonge par omission. C'est culturel.

Dans les pays anglo-saxons ou nordiques, on dénonce les mauvais citoyens : chauffards, voyous, fumeurs, clients de prostituées… On les montre du doigt, on les verbalise. En France et dans les pays latins en général, on les protège, on cligne juste de l'œil, l'air complice. Les Berlusconi, les DSK sont presque des héros, des modèles de roublardise, et les chauffards, les ivrognes, quand ils tuent, sont peu condamnés.

Ma culture personnelle me porte très nettement vers les dénonciations. J'accuse. D'où ce livre.

15

Orage au-dessus d'un nid de coucous

Finalement tout le monde s'entretue à Ker-Eden. zopilotes et autruches s'étripent en douce ou à ciel ouvert. Mme Cloarec n'a pas que des amis au CA : Sitting Bull est souvent contesté. Quant à Châteauduc, il a beau jouer les Arlésiennes, la hargne et la grogne des « copros » non promoteurs, non privilégiés, non profiteurs du droit de péage et des commissions immobilières, finiront bien par lui chauffer les oreilles un de ces jours. Un gros nuage noir menace à l'horizon, au-dessus du nid de coucous.

Avril est arrivé. L'AG approche. Je suis prête. Le jour J, la fille de mes voisins, Colette, me covoiture avec ses parents. Son frère va venir aussi. Pendant le trajet nous faisons les dernières répétitions.

– Colette, seriez-vous prête à entrer au conseil syndical ? Il y a si peu de familles et de résidants.

– Pourquoi pas ? Je vais voir. Selon la tournure de l'AG...

À l'arrivée, bonne surprise ; il y a du monde. Même quelques têtes nouvelles. Les copros seraient-ils inquiets de leur sort ?

Colette accepte d'être présidente de séance. Le patron du syndic est venu, cette fois. L'enjeu est grand. Toujours aussi beau gosse, un peu blet, avec sa chemise assortie à ses yeux bleus. C'est aussi l'uniforme de Sitting Bull, avec son regard angélique et sa bonne bouille d'enfant de chœur. Dès le renouvellement du bureau, il y a quelques remous et j'en suis la cause.

Est-ce que les anciens se représentent ? Oui. Tous élus ? Stop. J'interviens :

– Je voudrais rayer un nom de ma liste (on vote juste à main levée, globalement, sans liste pour aller plus vite).

– Lequel ?

– Monsieur Seigner.

Consternation dans la salle. Le grand-chef-à-plumes contesté ? Et celui-ci enchaîne, toujours sur son ton père noble de la Comédie-Française :

– Eh bien, moi, je vote quand même pour Mme Ravenne.

– Monsieur est trop bon.

Son « quand même » m'agace. C'est déjà le terme qu'il mettait à la fin d'une de ses lettres : « Je vous embrasse *quand même* ». Je donne mes raisons publiquement :

– Je reconnais bien là vos incohérences : vous me videz du CA de l'Association, mais vous m'élisez ici. Quant à moi qui suis plus logique, je trouve que vous faites assez de dégâts au CA de l'Association, je ne vois pas l'intérêt de vous élire ici.

– Y a-t-il de nouveaux candidats au conseil ? demande le syndic.

Je vois Colette hésiter. Alors je l'encourage tout fort :

– Allez, Colette. Entrez au conseil. Il y a si peu de résidants ou de membres de leurs familles.

Elle accepte. Ouf ! Alors je me tourne vers la fille de Dame Margie, dont l'appartement est inondé. Elle résiste :

– Non, j'ai bien assez à faire à défendre le dossier de ma mère, avec notre assureur.

Quand le point crucial arrive, celui des toits, nous avons tous en main des devis, avec beaucoup de zéros, proposés par trois sociétés, pour les trois bâtiments, séparément. On nous indique aussi les coûts pour chacun de nous, selon nos tantièmes. Pour moi, avec mes deux T3, cela fait environ 5 000 euros en tout. Monique et Béa ont raison. À supposer que je parte bientôt, si les travaux sont votés avant mon départ, je casque. Et en cash. J'en ai quelques sueurs froides de plus, mais j'ai décidé de voter « oui », sans broncher. Je m'en tiens à ma position.

Le syndic collecte les réponses. Un grand silence se fait.

– Y a-t-il des voix « contre » ?

Alors le représentant de Châteauduc et de son clan de promoteurs prend la parole :

– Au nom de la SCI-BK, je vote « contre » si la part qui nous est imputée dépasse les 10 000 euros. C'est la consigne que j'ai reçue.

Consternation. Le syndic fait ses comptes et annonce :

– La SCI-BK possédant près de 40 % des voix, elle a pouvoir de blocage selon…

Alors la fille de Dame Margie se dresse et s'écrie :

– Dans ce cas-là, si la restauration des toits n'a pas lieu, nous attaquons en justice, avec notre assureur.

Dans la salle tout le monde s'agite. Encore un procès !

Il y a une telle agitation dans la salle que le syndic n'arrive plus à réviser ses comptes de pouvoirs. Il tente de récapituler :

– Voyons, parmi les présents, à part la SCI-BK, tout le monde vote « pour » ?

Alors la voix de Sitting Bull s'élève, pépère :

– Non ! moi, je m'abstiens.

Et une abstention, une ! On lui en demande la raison.

– Je n'ai pas à me justifier. Je m'abstiens, c'est tout.

Je reconnais bien là notre ami : « *wait and see* », sa devise. Après tout, peut-être qu'il n'a aucune opinion sur la question. Ou trop de contradictions dans sa tête…

Bloqué, le syndic propose une solution :

– Je vais aller téléphoner à Châteauduc pour essayer de le faire revenir sur sa décision.

Il sort avec le représentant de la SCI-BK pour aller téléphoner. Dans la salle, on discute sec.

La réunion dure très tard, jusqu'à plus de 19 heures. Finalement nous avons opté pour un système par tranches, en choisissant le moins cher des devis, et les taux d'emprunt les plus raisonnables. Nous nous quittons, fatigués, inquiets pour l'avenir. Les nouveaux venus ont l'air catastrophés. C'est donc ça, la réalité de la belle résidence Ker-Eden ? Un nid de zopilotes et d'autruches, dans lequel on fait de très grosses omelettes quand on casse de très gros œufs.

D'ailleurs on se reverra à la rentrée pour casser quelques œufs de plus en assemblée générale extraordinaire.

Mai 2010 arrive, triste anniversaire. Statistiquement, ça y est, je devrais être morte : trois ans de survie pour les femmes et deux ans pour les hommes. C'est la loi dans les gagatoriums. Je préférerais la loi du cocotier, pratiquée dans certains pays. On fait monter pépé sur le cocotier et on secoue. S'il tombe, c'est qu'il était cuit de toute façon. S'il résiste… alors il rempile.

Donc, je rempile. Je vais entrer dans ma quatrième année au poulailler. Je suis à bout de souffle, mais toujours là. Dommage qu'il n'y ait pas de cocotier dans le jardin de Ker-Eden.

Ces derniers temps, la directrice et moi, nous nous évitons plutôt dans les couloirs. Parfois elle m'aborde d'un air doucereux qui m'inquiète un peu. Sous n'importe quel prétexte :

– Madame Ravenne, j'ai fait visiter votre appartement du troisième à une personne, l'autre jour. Elle l'a trouvé très joli. Très bonne idée de votre part de l'avoir meublé de façon attrayante. On dirait un appartement témoin, raffiné et engageant.

– C'est un des copropriétaires qui m'a donné l'idée de le proposer aussi en meublé. Il a deux appartements, dont l'un meublé, qui se loue assez bien pour les courts séjours de convalescence. Alors je tente une troisième chance : à louer vide, meublé, ou à vendre.

– Vous avez raison. C'est moi qui m'occupe personnellement des « courts séjours » qui nous sont demandés par les hôpitaux de la ville. Et quelquefois les « convalescents » décident de rester pour de bon, de louer ou d'acheter. Ils se plaisent tellement dans notre résidence, si agréable, n'est-ce pas ?

Je me sens piégée, forcée de lui sourire. Pas moyen de lui rentrer dans le lard quand elle me fait de si aimables propositions. Et pourtant, à l'intérieur de mon cœur, ingrate que je suis, j'ai de plus en plus envie de lui voler dans les plumes.

Dire « oui » et « merci » quand on pense « merde », ce n'est pas bon pour la santé mentale. Et moi, en ce moment, je pense « merde, merde, merde ».

Et la belle dame perverse insiste, remue son couteau dans ma plaie ouverte :

– N'est-ce pas, madame Ravenne. N'est-ce pas ? Vous êtes bien d'accord avec moi…

Je me tais, dents serrées. Merde, merde, merde… Encore des gnons sur mes oreillers tout à l'heure.

Deux jours plus tard, elle remet ça.

– Ah ! madame Ravenne, il faut que je vous dise. Cette fois je crois que j'ai trouvé une locataire pour vous, elle est très bien, très aisée, emballée par votre appartement.

– Quand donnera-t-elle une réponse ?

– Elle ne sait pas encore. Il faut qu'elle réfléchisse. Elle a deux maisons à vendre. De très belles maisons. J'aimerais bien vous faire la bonne surprise avant de partir en vacances à la mi-juillet.

Merde ou merci ? Si c'est du bidon, pour se foutre de moi, c'est merde… mais si c'est vrai ? Serais-je encore capable de lui dire : « Merci, ô grand merci » ?

Si oui, ce serait une bonne affaire pour moi, et pour elle aussi. Elle aurait enfin une résidante qui paie les services, rubis sur l'ongle ! Une bonne nouvelle à annoncer aux administrateurs : j'ai loué l'appartement de Mme Ravenne. Elle ferait passer la transaction par l'officine de son ami Châteauduc, qui toucherait sa part et réclamerait son droit de gérer les loyers (à 8 % de commission). Et enfin, « *last but not least* », cette peste de Mme Ravenne lui foutrait un peu la paix.

Je crois que tout le monde devient fou dans le nid de coucous. Finalement, ce sont peut-être les « toc-toc » qui ont raison de se mettre aux abonnés absents pour échapper à la folie ambiante.

Pour me reposer, je bavarde un peu avec les A que j'ai apprivoisés. Madeleine la fugueuse, qui s'égare et tombe dans le local-poubelle. Une autre qui trotte menu, inlassablement perdue, le long des couloirs labyrinthiques. Toute petite, la tête penchée sur la droite, le nez pointu, elle ressemble à un petit moineau tombé du nid un soir d'orage. Un jour je lui demande son prénom :

– Je m'appelle Suzanne, me répond-elle, mais quand j'étais petite, on m'appelait Suzon.

Depuis, je l'appelle toujours Dame Suzon. Alors, l'air ébloui, elle me répond chaque fois :

– Oh ! justement. C'est comme ça qu'on m'appelait quand j'étais petite.

Parfois, je la raccompagne jusque chez elle. Je pousse sa porte, toujours ouverte, et j'entrevois ses deux chaussons sagement posés dans l'entrée, les napperons de dentelle sur ses meubles…

Un jour, je parle avec une jeune chanteuse qui, en s'accompagnant à la guitare, vient pousser la chansonnette avec nous, de temps en temps.

– Pas trop de vieilleries, quand même, de « roses blanches » et de chansons tristes. Pourquoi pas *La Madelon* ?

Et je fredonne .

« Un caporal en tenue de fantaisie vint trouver Madelon un beau matin… »

Le regard de Dame Suzon s'illumine et elle enchaîne, de sa petite voix aigrelette :

« Et, fou d'amour, lui dit qu'elle était jolie, et qu'il venait pour lui demander sa main. »

Et nous voilà parties toutes les deux, à chanter tout le couplet, le refrain. Je cale au deuxième couplet. Pas Dame Suzon qui poursuit toute seule. La prof de chant, interloquée, commente :

– Vous aimez bien la musique…

– Oh oui ! soupire Dame Suzon.

Puis elle étend son bras gauche vers l'avant. On dirait qu'elle mime quelque chose. De son bras droit replié, deux doigts serrés sur un archet imaginaire, elle cisaille son bras gauche. Pas de doute, elle joue du violon, les yeux fermés, en extase.

– Vous jouiez du violon ? s'écrie la prof de chant.

– Oui…

Dame Suzon, toute à ses souvenirs, garde les yeux mi-clos et joue sur son violon imaginaire. Nous n'avons jamais su si elle jouait du violon en amateur ou en professionnelle, dans un orchestre… ou peut-être soliste et célèbre en son temps. Son passé est englouti à tout jamais. Reste l'extase pour trois notes de musique et un bout de chanson.

Désormais, pour moi, le petit « piaf » tombé du nid prend une autre dimension. C'est la « môme Piaf » que je peux ressusciter quand je veux, en égrenant trois notes de musique, trois vers de mirliton… « La Madelon vient nous servir à boire »… Et Dame Suzon, le visage illuminé, enchaîne aussi sec : « Quand le tonnerre frôle son jupon »…

Je ne peux tout de même pas passer le reste de mes jours ici à chanter *La Madelon* avec ma petite protégée. J'ai d'autres chats, zopilotes, autruches et blaireaux à fouetter. Mais tout de même, j'ai le cœur gros. Le jour où je partirai de Ker-Eden pour de bon, qui se souviendra encore que pour faire sourire une toute petite mémé tombée du ciel, il suffit de lui chanter *La Madelon* ?

Quant à moi, je continue à lancer des imprécations tous azimuts. J'accuse pêle-mêle tous les charognards de la terre.

J'accuse les laboratoires pharmaceutiques de créer une race de vieilles poules droguées, bourrées de somnifères, de neuroleptiques pour les précipiter plus vite dans les bras d'Alzheimer

J'accuse la Sécu, les ministres de la Santé et les médecins de donner leur bénédiction à ce génocide.

J'accuse toutes les maisons de retraite privées d'escroquer les vieux et leurs familles, sur trois générations.

Est-ce que la folie me guette ou est-ce que j'ai raison ? Suis-je seule sur terre à pourfendre tous ces monstres ? En août 2010, je le crois presque.

Heureusement, à l'heure où j'écris, d'autres accusateurs me confortent dans l'idée que je ne suis pas seule à m'indigner ainsi.

Le petit livre de Stéphane Hessel (*Indignez-vous !*, Indigène) me va droit au cœur. De par le monde, des milliers, des millions d'« Indignés » vont se réveiller et monter au créneau, avec moi, pour dénoncer tous les scandales, dont celui de la maltraitance des seniors.

Puis je découvre *L'Or gris* (Flammarion), alors même que j'écris les deux derniers chapitres de mon livre. L'auteur, François Nénin, serait-il mon clone ? Si je l'avais lu plus tôt, j'aurais eu l'impression de le plagier tant j'adhère ligne à ligne, mot pour mot à tout ce qui y est écrit, prouvé, analysé avec justesse. Du beau travail de journaliste. J'aurais été fière de l'avoir écrit.

Sans pomper ses sources, je dévore ses données chiffrées, celles que je n'ai pas dans mes tablettes : pour 22 % des plus de quatre-vingt-dix ans, c'est le « tsunami Alzheimer ». On croirait qu'il s'est « infiltré », en caméra cachée, dans l'allée des morts vivants de Ker-Eden.

Et les neuroleptiques ? Consommés, selon son enquête, à 65 % dans les mouroirs, pour 35 % seulement *at home*. À croire qu'il a jaugé tous les estomacs drogués de la vieille volaille d'Eden-Poulailler !

Au passage, il dénonce « l'indigence » de la DDASS, des conseils généraux, de l'État-autruche, des hommes politiques pas intéressés par les vieux. Et ces deux cents maisons de retraite qu'il faudrait fermer pour illégalité permanente. Je n'ai donc pas rêvé.

Jusqu'à l'association Alma (Allô Maltraitance) qui en prend pour son grade, avec ses soixante centres, ses mille bénévoles, plus ou moins « psys », bons écoutants... mais incapables de gérer le suivi des opérations. Alma 29 m'a laissée tomber, malgré le gros dossier que je lui ai fourni.

Les élus bretons *idem*. Et les conseils de quartier et Voisin'Age, et toutes ces commissions auxquelles j'ai soumis des dossiers. Récemment encore j'ai consacré une demi-journée à une jeune femme missionnée par les élus locaux pour faire une étude sur les résidences du troisième âge dans notre ville. Je lui ai fourni un bon kilo de documents, preuves chiffrées, textes de loi, procès perdus... J'attends toujours copie de son étude (que l'on m'avait promise). Mais les élus ne renvoient pas l'ascenseur. Ils destinent cette étude aux promoteurs qui piaffent d'impatience de construire quelques belles résidences privées en Bretagne. Cet « or gris », qui rapporte 25 % aux investisseurs, grosses fortunes françaises. Qui dit mieux ?

16

Et Dieu dans tout ça ?

Jacques Chancel ne terminait jamais ses interviews dans *Le Grand Échiquier* ou dans *Radioscopie* sans poser la question-clef : « Et Dieu dans tout ça ? »

Cela lui permettait d'entrer dans la zone d'intimité de son invité, et de forcer celui-ci à descendre au fond de lui-même, même s'il n'en avait pas l'habitude.

Je parle souvent de Dieu, je lui écris des slams, mais je ne sais même pas à quoi il ressemble. Pourtant je voudrais bien lui prêter un contour, une consistance, une couleur. En fait, je compte sur lui pour donner un sens à ma vie, alors que moi-même je suis si déboussolée, depuis trois ans, dans ce paradis des vieux qui pour moi ressemble plutôt à l'enfer.

Il y a bien un Dieu reconnu à Ker-Eden, mais ce Dieu-là justement, je le refuse. Il vient tous les samedis à 17 heures rendre visite aux pensionnaires.

Dame Léontine s'esquive sur la pointe des pieds à cinq heures moins le quart. C'est l'heure de la messe, en haut, dans la petite pièce nommée « Oratoire ». Aujourd'hui salle de réunion, que j'ai relookée moi-même.

– Elle part en avance pour préparer la salle, me glissent ses copines dans le creux de l'oreille.

– Elle sert d'enfant de chœur ?

– Oui, c'est ça. Vous la connaissez, toujours occupée à se rendre utile. Elle place les bougies sur la table, sort les livres de messe...

– Et qui officie ?

– Ce n'est pas vraiment une messe. Quelqu'un vient, un homme, une femme, ça dépend, lit des prières, propose des cantiques.

– Et de quelle religion ?

– Euh ! on ne sait pas vraiment.

Un jour que je stockais des jeux dans un des placards de cette salle, je tombe sur les bougeoirs, les missels et quelques pages volantes sur du papier couleur. Des tracts ? Curieuse, je les lis... avec consternation. Mais quelle « secte » ose tenir de tels propos ? Des témoins de Jéhovah ? Des intégristes ? L'Église de scientologie ?

J'emporte quelques-uns de ces textes pour les lire tranquillement chez moi. Ils finiront dans mon *press-book* de Ker-Eden, au musée des Horreurs. Il n'y est question que d'humilier l'être humain : « l'asile des misérables, par conséquent le tien... », « tu es abîme des misères », « tes chutes », « tes faiblesses », « les cœurs les plus souillés ». Tu n'es RIEN. Dieu t'aime comme ça et plus tu es nul, plus il t'aime... Des litanies de *trash* religieux, sans fin. Pas étonnant que les pauvres petites mémés, ainsi démolies, se laissent aller à cette grande détresse, puisque Dieu les aime ainsi, coupables et « misérables ».

Combien sont-elles à écouter de telles sornettes ? Une douzaine, paraît-il, dans le noir, autour des bougies... Cela m'étonne de Dame Léontine, que je croyais plus tonique. Quel rôle Mme Cloarec tient-elle dans cette intrusion d'une religion sectaire et avilissante ? Cela doit l'arranger, puisqu'on y prêche la résignation. Cela fait longtemps que je fais partie des déçus de l'Église catholique. Pourtant je fus croyante et sincère dans ma tendre enfance en pays gascon ; j'allais à la messe, à confesse ; je répandais des pétales de roses à la jonchée dans les processions. En pension, j'ai chanté la messe en latin avec conviction... Peut-être aimais-je surtout chanter. Aller à confesse commençait à me peser.

À dix-huit ans, sorbonnarde et éprise de libre-pensée, je troquai Dieu contre Gaston Bachelard, mon premier grand amour.

Dès lors, j'ai aimé tant de dieux, de demi-dieux, de héros et de maîtres à penser que j'ai perdu le fil de mes convictions. J'identifie mieux mes dégoûts que mes attirances.

Le Dieu de Ker-Eden, non merci, trop punitif pour mon goût. Le Vatican et ses refus perpétuels de se moderniser, de tenir compte du sida, de la contraception, de la vraie misère du monde. Non merci, trop étriqué. Et ces papes qui sont allés embrasser tous les Pinochets de la terre, non merci.

Pourtant, en ce mois d'août 2010, dans le brouillard épais qui étouffe ma vie, je voudrais bien entendre une voix amie pour tracer mon chemin.

Mme Le Comte, la chère collaboratrice de Châteauduc, la Dame-de-Fer qui terrorise les locataires de Ker-Eden gérés par son agence, me téléphone un matin :

– Madame Ravenne, ça y est. La locataire dont vous parlait Mme Cloarec s'est décidée. Elle emménage dans votre appartement le lundi 17 août. Demain, vendredi, je passe chez vous pour vous faire signer le contrat de location. D'ici à lundi, débrouillez-vous pour enlever tous les meubles que vous y avez mis. Elle veut du vide, pas du meublé.

Je n'ai pas eu le temps de poser des questions. Mme Le Comte est une femme pressée qui mène rondement les affaires. C'est à prendre ou à laisser. Je prends.

Mais cela me pose tout de même quelques problèmes. Ne serait-ce que faire disparaître lits, tables, chaises, lampes, vaisselle, literie... en deux ou trois jours.

Heureusement Bérangère, Patrick et les enfants viennent juste de rentrer de leurs vacances en Espagne. Je les appelle en urgence :

– Vite, venez m'aider à enlever tous les meubles. J'ai trouvé une locataire qui arrive lundi.

– Tu as signé le contrat ?

– Demain. Je signe tout demain.

J'ai horreur que l'on me bouscule après m'avoir fait poireauter très longtemps. J'aurais dû me douter que cela sentait l'arnaque. J'aurais dû... mais j'étais toute à l'émotion d'avoir enfin une locataire, qui acquitterait elle-même charges et services et me paierait un loyer.

Les modalités de la location étaient déjà fixées dans le mandat signé avec Mme Le Comte, de l'agence CAB, en février 2009. Il faudra que je prenne le temps de bien lire ce contrat, malgré l'urgence.

L'URGENCE. À partir du moment où Mme Le Comte introduit la notion d'urgence, elle met en place sa stratégie pour me rouler, je m'en doute bien.

Je connais tous ces risques de manipulation et pourtant je vais me laisser coincer, encore une fois. Mes « anges gardiens » sont en vacances. Pas moyen d'éplucher le contrat avec elles. Dommage. Est-ce par hasard que tout se décide, brutalement, à la mi-août ?

Le vendredi matin je me lève de bonne heure. En fait je n'ai pas beaucoup dormi cette nuit. Le stress. Je rumine :

– Pourvu que ça ne capote pas...

Je trie tout au troisième étage et déjà, je descends literie, vaisselle, etc., chez moi, au deuxième. J'ai monté balais et aspirateur pour le dernier ménage. Les enfants s'en chargeront dans l'après-midi. Ils débarquent tous, à six, après déjeuner. Nous faisons des navettes entre les deux appartements. Bérangère est restée chez moi, au deuxième, pour décrocher l'interphone dès que Mme Le Comte arrivera à Ker-Eden. Justement celle-ci appelle de l'accueil :

– Voulez-vous venir chercher les papiers en bas, à l'accueil ? Je suis pressée. J'ai plusieurs personnes à voir à la résidence. Merci de me rendre le tout en bas avant 5 heures. Après je pars. J'ai un autre rendez-vous ailleurs, loin.

Bérangère court chercher les contrats en bas, puis court en haut me prévenir. Je descends vite pour tout lire avant l'heure fatidique. Je me sens faite comme un rat et pourtant j'obéis. Je lis… vite, vite, vite. Je signe tous les bas de page… vite, vite, vite. Bérangère lit derrière moi. Tout de même, nous prenons le temps de respirer, parfois, pour faire un commentaire :

– Comme c'est compliqué, trop long, avec toutes ces annexes, la locataire n'y comprendra rien… moi non plus.

– C'est quoi cette façon d'annoncer les coûts ? Au début loyer = tant ; charges (forfait à régulariser) = tant et « redevances-services » = 250 euros.

– Oui, ça fait bizarre : en fait, ces 250 euros, c'est la « Redevance KODA », le « droit de péage », dans les parties communes. Peu explicite.

– Et les services, alors ?

– Pas dans le contrat, puisque moi, la propriétaire, je facture un loyer, pas des services.

– Mais dix pages plus loin, c'est quoi cette mention « Avance sur services : 481,10 euros » ?

D'ailleurs la locataire a mis elle-même trois points d'interrogation dans la marge.

Je commence à m'énerver :

– Elle me chauffe les oreilles, Mme Le Comte, avec ses contrats magouilleurs. Les services ne devraient pas figurer du tout dans le contrat de location.

– Et plus loin encore dans cette autre annexe, c'est quoi cette menace : « Le propriétaire est en droit de résilier le contrat si le locataire ne paie pas les services de l'Association » ?...

– Alors là, je ne suis pas d'accord, elle m'implique dans ces services que je ne paie même plus moi-même !

Mme Le Comte s'impatiente en bas. Elle veut me parler.

– Attention, décrète Mme Le Comte, si le contrat n'est pas signé aujourd'hui, vendredi... la locataire n'emménagera pas lundi.

Un oukase ? Toujours des oukases. Un choix peste ou choléra. Ou je signe (sans être d'accord) ou je perds ma locataire.

Mise au pied du mur, je préfère *tout* signer, quitte à *tout* contester... dès que la locataire se sera posée chez moi, lundi. C'est ce que je fais : je signe tout, très vite. Et pourtant, je trouve d'autres anomalies :

– Tiens, regarde ça. Liste des documents joints : « État des lieux » coché, alors qu'il n'y est même pas. Mme Le Comte avait prévenu que la locataire ne voulait pas se déranger exprès, faisait confiance et le signerait lundi matin en arrivant.

– Tout de même, dit Bérangère, un contrat de location sans « État des lieux »...

Finalement mon gendre et les enfants ont fini de nettoyer là-haut, ferment la porte à clef et redescendent. Tout le monde s'en va très vite en déposant à l'accueil le paquet de contrats signés.

Le lundi matin, quoiqu'il me soit interdit de souhaiter la bienvenue à ma nouvelle locataire (ordre de Mme Le Comte), je rôde dans les parages. Il y a bien des déménageurs qui déchargent des meubles, en grognant :

– Tous ces gros meubles ; jamais ça ne rentrera dans ce petit appartement.

Dès le mardi, Mme Cloarec commence à s'agiter et m'appelle sans cesse à l'interphone.

– Mme Ducoëdic, votre locataire, ne veut pas de votre frigo, ni de votre machine à laver. Elle a apporté les siens. Pouvez-vous reprendre les vôtres ?

– Pas question. C'est loué « cuisine équipée ». Je ne vais pas enlever et remettre l'électroménager à chaque locataire selon ses caprices personnels.

Puis c'est Mme Le Comte qui insiste et ajoute :

– Madame Cloarec, gentiment, propose d'héberger votre frigo et votre lave-linge dans un appartement vide.

Non. Et j'en profite pour lui demander l'« état des lieux », coché comme « joint », mais absent.

– Oui, oui… Je vais vous l'envoyer.

En fait, cet « état des lieux » n'est arrivé que quinze jours plus tard, antidaté, bien sûr, et plein de corrections. Entre-temps Mme Le Comte et Mme Cloarec me font tourner en bourrique avec tous les « caprices » de Mme Ducoëdic, la nouvelle locataire, dont elles défendent les droits, paraît-il.

– Vous pourriez être un peu plus conciliante, me reprochent-elles. Avec tout le mal qu'on se donne pour vous.

Puis les factures de la CAB arrivent et Mme Le Comte me fait remarquer que j'ai « oublié » de signer le contrat de « gestion » de la CAB pour la suite. Je sais. Je l'ai fait exprès, en accord avec Bérangère :

– Le « contrat de gestion » ? Cela peut attendre. Aucune urgence... Je verrai plus tard. J'attends le retour de mes conseils juridiques.

En effet Monique et Béa rentrent de vacances avant la fin août et contrôlent tous les papiers.

– Encore des magouilles ! Coûts pas clairs. Mention des services de l'Association, hors sujet, surtout si cela a pour but d'impliquer votre responsabilité dans l'éventualité du non-paiement de ces services...

Une vraie pétaudière, cette installation de ma nouvelle locataire. Reste un autre problème pour moi. A-t-elle été prévenue que cet appartement était toujours à vendre ? J'ai insisté pour qu'elle le soit, et même qu'elle signe un papier donnant son accord pour recevoir les visiteurs éventuels. Bien sûr, dans le charivari actuel, rien n'a été fait.

Déjà quelques acquéreurs éventuels (effet de mes annonces) piaffent d'impatience de visiter les lieux. Et si la locataire, furieuse que je ne cède pas à tous ses caprices, refusait d'ouvrir la porte ?

Alors je prends mon courage à deux mains, ou ce qu'il en reste, et je monte au troisième. Je sonne à la porte et me présente. Une petite dame avec de grosses lunettes et un déambulateur, l'air intelligent et autoritaire, m'ouvre la porte et s'étonne de ma visite impromptue. Partout, des piles de livres et des meubles jusqu'au plafond.

Nous restons longtemps à discuter. Elle n'a rien compris à tous ces contrats bizarres. Pourtant, c'est une intellectuelle. Médecin de son ex-métier. Grande voyageuse, engagée dans des associations d'adoption d'enfants en Inde. Nous échangeons nos « *success stories* ». L'heure passe. Je frise l'hypoglycémie. Qu'importe. Nous voilà amies, complices pour déjouer les pièges de Ker-Eden.

Je profite de l'euphorie partagée pour lui annoncer la visite, très proche, de mes visiteurs, acquéreurs potentiels.

– Cet appartement est à vendre ?

– Oui. On ne vous a pas prévenue ? J'avais pourtant demandé...

– Alors je suis preneuse. Je l'achète. C'est combien ?

Je reste muette. Pas possible ? Là maintenant, comme ça, une énorme satisfaction me tombe dessus, sans préavis. La sueur coule sur mes tempes. Émotion ou hypoglycémie ? Les deux. Mme Ducoëdic est médecin, elle connaît et me tend sa boîte de biscuits :

– Servez-vous vite ! Pas de coma diabétique sur mon paillasson, s'il vous plaît.

Nous grignotons ensemble quelques biscuits, trop occupées pour penser au déjeuner. Quand je redescends chez moi, il est près de 14 heures. J'appelle Bérangère à son bureau, exceptionnellement :

– Ça y est. J'ai vendu l'appartement !

Dans les semaines qui suivent nous nous activons ma locataire et moi, signons la promesse de vente chez mon notaire, faisons quelques échanges de meubles, d'un commun accord, sans même signer aucun « état des lieux » ni autre engagement. Elle visite mon appartement du deuxième étage, s'extasie devant ma salle de bains relookée ; elle veut la même ; je lui donne l'adresse de mes artisans.

Bérangère et mes anges gardiens suivent l'affaire de très près. Le docteur Ducoëdic a quatre-vingt-dix ans. Pourvu qu'elle ne meure pas avant d'avoir signé l'acte de vente, en décembre !

J'ai enfin vendu un de mes appartements… reste à vendre l'autre dans la foulée, celui que j'occupe.

Septembre 2010 commence dans l'euphorie totale, mais je suis très fatiguée. Le contrecoup. J'ai tenu, les nerfs tendus comme des cordes de violon. Et maintenant mon corps trinque. En septembre, mon bras droit se coince. Radios : périarthrite. J'ai le bras en écharpe. Je ne conduis plus. Je souffre comme une damnée. Des piqûres d'anti-inflammatoires ? Pas possible, pour cause de crise d'asthme assurée. Cela m'a déjà conduite à l'hôpital en urgence. Voir un rhumatologue ? Pas possible. Il me demande trois semaines d'attente, pour une urgence ! Je ne me lave plus (je suis, hélas, droitière). Je ne m'habille plus : impossible de passer un *tee-shirt* par la tête… ni un slip par les pieds, car mon dos ne plie plus. Je suis sale, hirsute, en larmes ; j'avale toute ma pharmacie, en vain. Je souffre de plus en plus. Je mange n'importe quoi. Impossible même d'éplucher un fruit ou de couper un morceau de pain. Finalement, un samedi à 7 heures du matin je débarque d'autorité aux urgences de l'hôpital le plus proche :

– Occupez-vous de moi.

Entre-temps le dos s'est coincé aussi. J'ai un lumbago, en plus de la périarthrite. À l'arrivée à l'hôpital, il faut deux brancardiers pour me sortir du taxi. Dans la salle d'attente, très encombrée, je me sens mal. D'une main, je contrôle ma glycémie : 4.13 ! Jamais je n'ai atteint les 4 g de sucre dans le sang : hyperglycémie galopante. Mon père, diabétique lui aussi, est mort d'une « urémie » à soixante-dix ans, autoempoisonnement, explosion des reins, œdème généralisé. Il est mort en quelques heures, avant même d'arriver à l'hôpital, d'un stress (*overdose* d'adrénaline) après une contrariété dans la matinée.

Je ne veux pas mourir comme mon père. Alors, de la main gauche, maladroitement, je me *shoote*, aussi sec, d'une forte dose d'insuline rapide (vingt unités) toujours dans mon sac. Je me souviens, à Biarritz, dans une clinique privée très bling-bling et très nulle, avoir avalé des vieilles croûtes de pain et une banane pourrie, laissées sur un plateau-repas. Rien pour resucrer les diabétiques hors des heures de repas. Comme l'écrivait *Le Nouvel Observateur* dans un numéro spécial sur la non-qualité en milieu hospitalier : « La maladie du XXIe sera la "bavure". On ne mourra plus de maladies, on mourra de négligences… »

Une heure ou deux plus tard, quand vient mon tour, aux urgences, on me tend un flacon à remplir d'urine et on me désigne les toilettes. Avec ma béquille et le flacon, j'essaie de m'exécuter. Peine perdue. De mon seul bras gauche, je renverse tout, ne peux pas me pencher assez avec le lumbago pour mettre le flacon en face de l'arrivée de l'urine. Finalement, j'ai mouillé ma jupe déjà très sale, et j'appelle à l'aide, la porte des WC ouverte : « Au secours ! Pouvez-vous m'aider ? » Deux brancardiers se saisissent de moi et m'embarquent directement au service « Médecine générale ». Enfin, dans une chambre, ils me vident, latéralement, sur un lit, comme on largue une baleine sur le pont d'un bateau. Ouf ! je suis arrivée à bon port. On va enfin s'occuper de moi.

C'est exact, j'ai été prise en charge, totalement, durant huit jours. Droguée à mort, calibrée, jaugée, radioscopée, piquée, analysée de partout.

La nuit, un grand infirmier noir vient glisser le bassinet sous mon fessier coincé, comme on enfile une pelle à tarte sous un pudding. Qu'importe. On s'occupe de moi. Et bien. Bourrée de morphine, je dors jour et nuit, dans un état comateux. Au milieu de la nuit, on me resucre sans cesse (jus d'orange et tartines de confiture). À force de dé-stresser (sous morphine), mon taux d'adrénaline chute à pic. Je ne sais plus rien, ni la date, ni mon nom, ni mes soucis passés. Je suis bien. Je suis aux « abonnés absents », mais j'y suis bien.

Au retour, donc, mes brancardiers, gentils, freinent devant ma boîte à lettres pour y recueillir une semaine de courrier, et me hissent jusque chez moi, où ils me déversent sur mon lit, toujours latéralement, et ils claquent la porte en partant.

Comment ai-je vécu les semaines qui ont suivi ? Je ne le sais même plus. J'ai survécu, c'est tout. Mais mon état de santé s'est détérioré de jour en jour. Cette fois, alors que la périarthrite et le lumbago s'apaisent peu à peu, ma jambe gauche se coince à son tour, puis mes hanches. Rebelote. Hôpital en urgence. Morphine à haute dose. Examens, prises de sang, radios. Cette fois c'est « sciatique » et « coxarthrose ». Le sarcophage est plombé, verrouillé…

Un matin, dans un éclair de lucidité (malgré la morphine à haute dose), je pose la question au médecin, chef de service, qui fait sa tournée à l'étage :

– Pourrai-je remarcher un jour ou serai-je définitivement condamnée au fauteuil roulant ?

Il me répond tranquillement :

– On ne sait pas encore. Mais, vous savez, avec un fauteuil roulant, on peut encore avoir une vie très intéressante…

À l'heure du déjeuner, l'infirmière qui fait mon contrôle de glycémie s'écrie tout à coup :

– Mais, madame Ravenne, qu'est-ce qui vous arrive ? Une hyperglycémie à 3.50, à jeun ? Pas possible ! Vous avez mangé toute une boîte de chocolats cachée sous votre oreiller ?

– Même pas. Juste une grosse contrariété…

Les médecins cyniques ne se rendent même pas compte des dégâts qu'ils font dans nos pauvres vies délabrées quand ils traitent les réalités si brutalement. Pour eux, c'est la routine. Pour nous, c'est un « tsunami ».

Après ce deuxième séjour à l'hôpital, j'ai perdu le contrôle de ma vie : trois ou quatre mois au lit, sous morphine. À mon tour d'être absente, les yeux dans le vide, comme les vieilles volailles de Ker-Eden. J'ai survécu, cependant ; les vieux ont la peau dure.

Le jour de ma deuxième sortie de l'hôpital, toujours sur un brancard, pas d'accueil chaleureux à Ker-Eden. J'ai l'habitude, maintenant, du zéro-service de la résidence. Ce jour-là, Bérangère est à San Francisco pour un congrès. Cependant, à côté de mon lit, je trouve une chaise percée (un « Montauban »), un déambulateur de luxe avec quatre roues solides, des freins, un siège-tablette sur le dessus et une table sur roulettes pour lire et manger au lit. Ma femme de ménage est prévenue, mon frigo approvisionné, des infirmières réquisitionnées pour m'assister matin et soir (piqûres, toilette...). Tout est en place pour ma longue convalescence.

J'ai traversé l'enfer. L'enfer des grabataires. La saleté, les incontinences, la souffrance, l'absence. L'hébétement dû à la morphine. L'angoisse, pas celle de la mort, mais bien plutôt celle de la vie, de la vie de légume. La perte des repères. Le temps ? L'espace ? L'identité.

Cependant, je me suis préservé quelques plages de lucidité (arrêts de la morphine pendant quelques heures), par nécessité, quand il le fallait. Ainsi, en décembre, j'ai enfin signé, chez moi, l'acte de vente définitif. Mon notaire a bien voulu se déplacer pour la signature à domicile, grand moment de bonheur.

En janvier, je me suis offert une demi-journée d'entracte (encore une coupure de la morphine) pour recevoir l'assistante sociale de l'APA (Aide pour perte d'autonomie). Après avoir échangé des dossiers, fait remplir des constats à mon médecin et à mes infirmières, l'assistante sociale vient me voir chez moi.

– Il faudrait aussi la présence d'un membre de votre famille pour signer les papiers.

– Mais ma fille travaille, elle ne s'absente pas comme ça…

– C'est obligatoire.

Bon. Bérangère râle, mais prend une demi-journée de RTT.

La préposée de l'APA me questionne encore et encore sur mes handicaps. Oui, j'arrive à me nourrir, maintenant. Aux heures des repas, je vais jusqu'au frigo toute seule. Non, je ne fais ni les courses ni le ménage ; oui, je fais ma toilette, au gant-éponge et depuis peu. Non, je ne me hasarde pas dans la douche, trop dangereux. Oui, je peux parfois, avec le déambulateur, aller jusqu'aux WC. Sinon, en urgence, c'est le « Montauban », près de mon lit. Non, je ne fais plus mes piqûres d'insuline toute seule, je tremble trop. Je renverse tout, etc.

Elle demande à voir mes feuilles d'impôts, le montant de mes retraites… Elle en couvre des pages, puis sort ses grilles GIR, ses tableaux, ses barèmes et me déclare tranquillement :

– Vu que vous n'êtes que semi-impotente (niveau trois sur cinq), vu que votre retraite est au-dessus du plafond requis… vous avez droit à 15 % d'aide au-dessus d'un nombre d'heures de ménage minimal. Soit 30 euros remboursés au-dessus de 200 euros par mois (au minimum) déboursés.

– Quoi ? Rien au-dessous ? Mais je ne débourse pas 200 euros par mois de ménage !

– C'est à prendre ou à laisser.

Elle est péremptoire. Je suis furieuse, Bérangère aussi. Toujours le même problème. Avec ma retraite de cadre, je suis dans les privilégiés, et comme je ne suis pas totalement impotente non plus. Alors… rien. Je renonce à cette aide trop coûteuse : dépenser plus de 200 euros pour en gagner 30 ! Alors la préposée de l'APA, l'air grognon, me sort un formulaire :

– Signez ça : l'acte de refus d'aide.

– Mais je ne « refuse » pas, je renonce à une mauvaise affaire !

– Signez ça : vous refusez, c'est tout.

Nous nous séparons dans l'incompréhension totale. C'est bien ça, l'aide sociale en France, un système qui coûte très cher et rapporte très peu. Le contraire du Loto.

En janvier 2011, je fais quelques progrès. Je ne sors toujours pas mais je circule mieux chez moi tout en souffrant encore terriblement de tous mes blocages. Avec l'accord de mon médecin et de mes infirmières, je réduis les doses de morphine peu à peu. J'ai tellement peur de devenir accro.

Mais quand je diminue la dose, qu'est-ce que je déguste ! Ce n'est pas le paracétamol gobé en remplacement qui calme mes élancements. Ma jambe gauche ne suit plus. La droite est presque aussi impotente. J'ai des œdèmes aux chevilles, aux mollets, aux genoux. J'en ai ras le bol des bas de contention qui m'emprisonnent. Quand je les enlève, mes doigts de pied sont soudés les uns aux autres.

Ma plus grande joie, en février : retrouver la mobilité de mes doigts de pied. Un soir, vautrée devant la télé, les jambes sur mon pouf, j'agite mes pieds engourdis et tout à coup – ô miracle – mes doigts de pied bougent, se séparent les uns des autres. Je les mets « en éventail ». Enfin ! Merci, mon Dieu, de m'avoir rendu mes doigts de pied ! Désormais, allongée devant la télé, je pianote, je tricote, je gigote... sans discontinuer de mes dix doigts de pied.

Quant à ma tête, « aux abonnés absents » pendant quelques mois, elle revient dès que je ralentis la morphine. Ouf ! elle m'appartient encore. Le petit papillon espiègle et insolent qui l'habite ne demande qu'à fuguer. Quel sale tour est-ce que je pourrais bien faire à mes geôliers de Ker-Eden ? Ah ! ils se sont régalés de mon silence pendant quelques mois. J'ai cessé de les harceler provisoirement. Ils ne perdent rien pour attendre. Me voilà. Je reprends du poil de la bête. Il est vrai qu'ils n'ont rien fait pour adoucir mon enfermement. J'ai appris à survivre seule, sans aucune aide à attendre de Ker-Eden, comme tous les vieux ici. Mon aide ménagère ne fait mes courses qu'une fois par semaine... Eh bien, les autres jours, je me passe de mon courrier. Personne pour le monter. Et les sacs-poubelle s'empilent chez moi. Personne pour les descendre. C'est le sort de tous, ici. Les petites infirmières qui courent partout, d'un appartement à l'autre, ne sont pas aides ménagères. Elles changent les couches mais ne lavent pas les incontinences répandues hors des couches, dans les lits, sur les vêtements, sur le sol… Chacun son boulot.

J'ai tout vécu pendant cette période. Que peut-il m'arriver de pire ? Désormais, je suis invulnérable. Je peux survivre dans les pires conditions. Me nourrir de n'importe quoi, de pain et d'eau, c'est tout. Vivre sans me laver, ni me coiffer, ni parler à personne.

C'est alors que je prends la décision la plus importante de ma vie. Puisque j'ai survécu à mon tsunami personnel, je vais repartir de zéro, m'offrir une nouvelle vie… loin de Ker-Eden. Et pour cela tirer ma dernière cartouche. C'est décidé, en février 2011, j'attaque. Je vise Mme Bling-Bling en plein cœur.

Un jour, je coupe complètement la morphine pendant vingt-quatre heures. Tant pis si je hurle de douleur à chaque pas. Je crie toute la journée mais je serre les dents et je m'installe à mon bureau, bien décidée à écrire la lettre la plus méchante de ma vie.

Je trempe ma plume dans l'arsenic. J'accuse. Tout y passe. Toutes les fautes professionnelles de la Patronne, ses complaisances envers les zopilotes, ses connivences avec Châteauduc, son laxisme avec les prestataires de services, ses cruautés avec les pauvres vieilles poules plumées… De quoi la faire virer pour faute professionnelle.

Ma main tremble, mais j'écris. J'oublie mon repas, l'heure avancée de la nuit. J'écris. Je recopie tout au propre et je conclus. « Au lieu de me mettre des bâtons dans les roues, vous feriez mieux de m'aider à vendre ce deuxième appartement. Cela ferait au moins deux heureuses, vous et moi. »

Le lendemain matin, ma femme de ménage va poster « les » lettres recommandées à la poste du coin. Je dis bien « les », car j'ai fait des copies pour tous, Sitting Bull, les autruchettes, Châteauduc et mes anges gardiens…

Ça y est ! C'est posté. Je vais pouvoir dormir un peu. Pause bien méritée. J'avale ma dose de morphine et je m'abandonne aux bras de Morphée, toute douleur abolie, et le cœur heureux.

Et j'attends… Pas longtemps. Moins d'une semaine plus tard, un vendredi matin, à 9 heures pile, mon interphone sonne. La voix suave de Mme Cloarec :

– Allô, madame Ravenne. J'ai ici deux personnes qui voudraient visiter un appartement tout confort à Ker-Eden. Surtout avec une salle de bains moderne. Je leur ai dit que vous aviez la plus belle salle de bains de la résidence. Est-ce que nous pouvons monter chez vous, là, tout de suite ?

– Oui, bien sûr.

Vite, j'enfile un peignoir. Je ne suis ni lavée ni coiffée. Tant pis. On sonne. J'ouvre. Un homme d'environ soixante-dix ans et sa fille entrent et vont tout droit à la salle de bains. C'est la douche qui les intéresse, large, carrelée, pourvue d'un tabouret… Le monsieur tripote tout et m'explique :

– Ma femme est atteinte d'une maladie grave, invalidante. Pour le moment elle est à l'hôpital. Mais elle ne veut pas aller dans une maison de retraite sans moi. Nous voulons vivre ensemble ses derniers moments, quelques mois, peut-être un peu plus ? J'habite un appartement au troisième étage, sans ascenseur. Ce n'est plus possible. Je suis très pressé. Je veux m'occuper d'elle moi-même, vous comprenez.

Il est très ému. Moi aussi. Bien sûr, je comprends ses urgences. Je le regarde et déjà je sais : c'est lui. C'est l'acquéreur providentiel que j'attendais. J'en suis sûre.

Dès son départ, j'appelle Bérangère :

– Ça y est, j'ai trouvé... j'ai trouvé l'acquéreur de mon deuxième appartement. Il sort d'ici. Ma conscience va bien, merci. J'ai gagné !

Tout se passe très vite par la suite. Quelques jours plus tard, nous signons la promesse de vente. Mon notaire se déplace encore, car je suis toujours semi-impotente. Mme Cloarec me fait signer un papier attestant que c'est elle qui m'a présenté l'acheteur. Je signe. Mais personne n'ose nous imposer une commission d'agence. La CAB de Châteauduc ne se pointe pas pour passer à la caisse. Mme Cloarec se montre discrète. Sitting Bull aussi. Je partirai même sans leur dire « au revoir ». Juste un petit mot avec la date de mon déménagement.

Me voilà prise de court. Où aller ? Tout s'est passé si vite. La vente aura lieu en mai. D'ici là j'aurai déménagé. Mais où ? Bérangère me fait des propositions :

– Si tu veux, on va chercher une autre résidence, plus convenable cette fois...

– Ah non ! ne me parle plus de maison de retraite. Je veux vivre et mourir chez moi.

– Mais il serait plus prudent…

– Non ! impotence ou pas, j'ai fait la preuve que je pouvais survivre seule. Tu as vu, Ker-Eden ne m'a rien apporté. Rien.

Bérangère est d'accord. Cherchons un appartement privé. Acheter ou louer ?

– Louer. Je ne veux plus rien acheter. Comme ça, quand je mourrai, tu n'auras plus de servitudes à assumer.

Les critères de choix : petit (un T2 suffirait), moderne, avec douche, ascenseur, près d'un marché, de boutiques pour me nourrir et surtout, le plus près possible des mes petits-enfants, qui habitent en banlieue nord de la ville. Comme je ne conduis plus ma voiture, il faut sans cesse faire le taxi pour moi.

Bérangère s'active, avec son ordinateur. Huit jours plus tard, elle me téléphone :

– Ça y est, après avoir contacté bien des annonceurs, j'en ai sélectionné cinq qui répondent à tes critères. J'ai pris un jour de congé et réparti les cinq rendez-vous. Je passe te prendre mercredi matin à 9 heures.

C'est vrai, les cinq appartements répondent à mes critères. Le soir même j'en retiens un. Le lendemain, la commerciale de l'agence vient me faire signer le contrat de location à Ker-Eden. Je peux emménager dès que je veux.

Le 20 avril 2011, je quitte Ker-Eden définitivement. Sans regrets. Je tourne la page pour toujours. Mes « p'tites mémés » ont la larme à l'œil. Moi aussi. Mais que puis-je faire, sinon sombrer avec elles ? Une angoisse me serre encore l'estomac. Et si l'épouse de l'acquéreur allait mourir avant l'acte de vente, prévu pour mai ? Renoncerait-il à cet achat ? J'ai encore du mal à croire que mon enfermement à Ker-Eden est terminé. Je me sens comme une otage libérée, incrédule, qui tout à coup est éblouie par la lumière du jour.

Physiquement, je suis toujours handicapée. Pas facile d'assumer un déménagement dans ces conditions. Et comme je passe d'un T3 à un T2, il faut que je limite mes ambitions. Bérangère insiste :

– Débrouille-toi pour faire disparaître cinquante pour cent de tes livres, de ta vaisselle, des tes vêtements trop petits et quelques gros meubles aussi. Pas de place chez nous non plus. Donne à Emmaüs, à tes infirmières, à tes voisines...

Alors je trie. Je jette mon passé. J'ouvre un souk dans ma deuxième chambre. Tout le monde y défile et repart les bras chargés de cadeaux. L'ascétisme n'a jamais été mon style, je suis plutôt « pléthorique » en toutes choses.

Mais cela fait partie du contrat avec moi-même. Une nouvelle vie commence, dans un certain dépouillement. J'ai bien abandonné d'un seul coup toutes mes activités quand l'impotence m'y a forcée. Je ne conduis plus ma voiture. Je ne vais plus nulle part avec mon déambulateur. Finies, les activités sociales, les sorties. J'arrive tout juste à faire mes courses au marché bio, au bout de ma rue.

À cent mètres de chez moi, je découvre une bibliothèque. Quelle joie ! Je m'y inscris. Et j'y passe des heures à tripoter des livres, du papier, à regarder passer des gens (pas des zombies). Désormais, ce lieu sera mon horizon. Assise dans un bon fauteuil, accoudée à une table, je consomme sur place, tout ce que je trouve. Une vraie fringale de mots. Ceux des autres… avant de retrouver les miens. Je prends des monceaux de notes, pour le plaisir. Qu'en ferai-je ? Encore des stocks de papier, alors que j'en ai tant à jeter. Jeter mon passé ? Me refaire un présent, sinon un avenir…

Vais-je vraiment couper les ponts avec la résidence Ker-Eden ? Pas vraiment puisqu'en écrivant ce livre je me replonge volontairement dans mes angoisses passées. Certes, je ne me pointe plus au Poulailler, j'y serais mal reçue, et j'ai renoncé aux procès. Mais de loin, par les infirmières et par quelques coups de téléphone dans la place, je reste impliquée dans le sort de mes « p'tites mémés ».

Un an après mon départ certaines sont mortes, parties ailleurs ou définitivement tombées dans le trou d'où on ne remonte plus, le trou abyssal, Alzheimer. Gros Roger est mort, me dit-on. Mais comment ? Suicide ou maladie ? Nul ne le sait. Parti les pieds devant, c'est tout, dans le silence opaque des mouroirs. Tant mieux pour lui. Après trois suicides ratés, seul, sans famille, fauché, endetté, harcelé par la directrice, c'est ce qui pouvait lui arriver de meilleur.

Rien n'a changé du côté des zopilotes, autruchons et blaireaux. Le train-train a repris dès le départ de Mme Ravenne, la poison !

Par les conseils de quartier j'apprends que d'autres résidences privées très bling-bling sont en construction dans le Finistère. Les élus locaux les accueillent à bras ouverts, vu le manque de places dans les EHPAD médicalisés.

Que me restera-t-il de ces quatre années d'enfer ? Une expérience initiatique, une soif de liberté, inextinguible, et un livre. C'est le serment que je me suis fait le jour où j'ai quitté Ker-Eden, le 20 avril 2011 : tirer le cordon d'alarme, avertir mes concitoyens du péril de « l'or gris », écrire ce livre témoignage. Un an. Juste un an, pas plus. Voilà le délai que je me suis donné. Chiche ! À Pâques, je lancerai à la mer ma dernière bouteille. Que dis-je ? une bonbonne, une bombe, une torpille d'un bon kilo.

Pari tenu. Alors que j'écris les dernières pages de ce livre réaliste, le calendrier affiche 21 mars, jour du printemps. La page est tournée, l'histoire est finie. « *That's all, folks* », comme à la fin des dessins animés. Pas vraiment. La maltraitance des anciens reste d'une actualité brûlante. Pas de mot de la fin. Plutôt des mots d'espoir, d'appel à des jours meilleurs.

Faute d'un Dieu-Jardinier inspiré, cultivons nous-mêmes les jardins de l'Eden de demain pour nos seniors, tout près de nos maisons, à l'abri des prédateurs. Des jardins à l'anglaise où vivent librement fleurs sauvages, herbes folles, roses éphémères et papillons.

TABLE DES MATIÈRES

Cet ouvrage a été imprimé en France par
CPI Bussière
à Saint-Amand-Montrond (Cher)
en mars 2013

Fayard s'engage pour l'environnement en réduisant l'empreinte carbone de ses livres. Celle de cet exemplaire est de :
0,750 kg éq. CO_2
Rendez-vous sur www.fayard-durable.fr

PAPIER À BASE DE FIBRES CERTIFIÉES

36-57-3615-6/02

Dépôt légal : avril 2013.
N° d'impression : 2002058.